철학은 왜 전쟁을 부정하는가

전쟁에 관한 열 가지 철학적 고찰

철학은 왜
전쟁을 부정하는가

군나르 힌드리히스 지음 이승회 옮김

두리반

한 걸음 멀리서 전쟁 바라보기

시대전환적 전쟁

전쟁은 스펙터클*이다. 전쟁에 관한 토론뿐만 아니라 모든 군사적 행동도 장관을 연출한다. 이 스펙터클을 알기 위해 기드보르Guy Debord의 독특한 스펙터클 사회론을 다시 살펴볼 필요는 없다. 열린 시선으로 사태를 관찰하는 것만으로 충분하다. 열린 눈으로 보면, 각 국가의 행위나 음모, 논쟁뿐 아니라 크고 작은 영웅과 악당이 등장하는 오늘날의 전쟁 행위, 전쟁 분석, 전쟁 논쟁 모두가 스펙터클이다. 사람들의 죽음이 이 스펙터클 한 공연의 배경이 된다.

• 일반적으로 생성된 모습이 기억에 남을 정도의 장면이나 이벤트가 되는 현상.

이 책은 전쟁을 스펙터클로 소비하는 것을 거부한다. 이 책에 담긴 성찰과 사유는 전쟁과 거리를 두고 진행된다. 이 사유의 목표는 오늘날 전쟁을 구성하는 요소들을 찾고 분석하는 것이다. 이 목표에 도달하기 위해서는 전쟁의 고유한 특성을 우리 시대의 조건 속에서 규정하고 표현해야 한다. 시대를 초월해 모든 전쟁에 적용되는 철학은 없기 때문이다. 다만 근본적 관점에서 현재의 전쟁을 관찰하고 '자기 시대를 사유 속에서 파악하는'(헤겔) 일은 할 수 있다. 이런 사유는 우리가 무엇을 해야 하는지 안내하지는 않는다. 그보다는 무슨 일이 있는지를 이해할 수 있도록 돕는다. 따라서 이 책에 담긴 사유는 당위가 아닌 인식, 즉 '시대전환Zeitenwende'적 전쟁이라는 현재 전쟁에 대한 인식이다. 자신의 전제와 한계를 아는 철학이라면 인식 이상의 일을 하지 않는다. 성찰과 사유에서 행동을 결정하는 일은 정치적 판단력의 과제일 것이다.

행동의 지침 대신 인식을 얻기 위해 철학은 전쟁과 정신적 거리를 확보해야 한다. 이 거리 두기가 말처럼 쉬운 일이 아니다. 바로 '시대전환'적 전쟁의 특성 때문인데, 시민사회는 전쟁이 발생하면 자신이 직접 공격받고 있다고 느낀다. 자신을 공격받는 전쟁 당사자와 동일시하고, 이와 다른 목소리를 내면 공격하는 전쟁 당사자의 편으로 이해한다. 이런 이해는 독특하면서도 효과적이다. 실제로는 시민적인 것과 전쟁은 서로 대립한다. 그러나 시민사회가 스스로 전쟁에 동원되면서 이 차이기 희미해진다. 이 과정에서 시민사회는 스스로 전쟁의 당사자이자 다른 수단들을 이용해 전쟁을 수행한다고 이해한다. 즉, 자신을 '전쟁시민사회Kriegszivilgesel lschaft'로 이해한다. 이제 시민사회는 전쟁이라는 의미로 통합된 공간이 된다. 시민사회의 논쟁과 담론은 자발적으로, 강요받지 않은 채, 저절로 호전적 목표와 기능을 옹호하고 지지한다. 반대로 시민들의 평화 요구를 실현하겠다는 약속을 잊어버린다.

전쟁과의 거리 두기

이런 상황이 전쟁에 관한 철학적 성찰과 사유를 어렵게 만든다. 철학적 성찰과 사유를 전달하는 매개체는 담론과 논쟁이다. 하지만 담론과 논쟁이 펼쳐지는 시민사회 자체가 전쟁 당사자로 등장하면서 철학의 매개체는 사라져버린다. 매개체를 다시 확보하려면 철학적 성찰은 전쟁과 거리를 두고 진행되어야한다. 전쟁과 거리 두기는 양가적 의미를 갖는다. 전쟁 당사자및 전쟁에 깊이 관여한 시민사회의 기준에 얽매이지 않고, 사실의 측면에서 사태를 비추어보고 그 결과를 개념화한다. 전쟁과 거리 두기는 철학적 사유가 전쟁에 동원되는 것을 피할 수 있는 유일한 방법이다. 한편으로 이런 철학은 사회의 다른 영역으로부터 외면당하거나, 스스로 거리를 둘 위험도 존재한다. 전쟁과 거리를 두는 철학은 전쟁에 적극적으로 참여하는 시민사회의 담론을 방해하므로, 담론과 관련한 영역에서 아예 배제될 위험이 있다. 이것은 단순한 문제가 아니다. 방구석에서 자기확신을 만드는 일은 철학적 성찰이 하는 일이 아니다. 철학이 다루는 사태 그 자체가 중요하다. 그리고 이 사태를 타인에게도 사태로 제시하고 보여주는 것이 중요하다. 이런 객체성은 사유화될 수 없다. 객체성은 필연적으로 대화와 상호작용이 일어나는 공간으로 들어간다. 그러므로 '전쟁과 거리 두기'라는 표현은 전쟁에 관한 철학적 반성이 가능한 조건과 이 반성이 빠질 수 있는 잘못된 길을 동시에 보여준다.

우리는 이 난감함에서 빠져나오지 못한다. 그저 이 난감함을 타인이 들어주기를 희망하면서 견뎌야 한다. 그러나 한 가지는 분명히 해야 한다. 전쟁과 거리를 둔다는 것이 중립을 뜻하지는 않으며, 구석진 은신처나 안전한 장소로의 피신을 의미하지도 않는다는 것이다. 물론 이 책에 나오는 철학적 반성들은 자신을 전쟁 당사자로 여기지 않는다. 그러나 스스로 어떤 가치의 당사자로 이해한다. 그 이름은 반군사주의Antimilitarismus다. 반군사주의는 지금까지 이야기에서 나오는 결론이다. 왜냐하면 시민사회의 공간이 전쟁에 이미 점유당한 상황에서, 전쟁과의 거리 두기가 철학적 성찰에 공간을 제공한다면, 여기서 나오는 철학적 성찰은 전쟁의 지배에 반대할 수밖에 없기 때문이다. 즉, 이 책은 전쟁을 부정한다. 그래서 편파적일 수밖에 없다. 전쟁에 찬성 혹은 반대한다는 감정적 결정이 아니라 사태와 관계된 객체성이라는 의미에서 편파적이다.

그러므로 이 책에 나오는 글들의 이면에는 전쟁에 대한 부정이 놓여 있다. 유럽에서 나온 전쟁 고찰의 기본 텍스트인《펠로폰네소스 전쟁사》에서 투키디데스Thukydides는 전쟁을 '폭력적 교사'라고 불렀고, 전쟁은 사람들의 정서를 그들이 처한 전쟁 상황과 같은 수준으로 맞춘다고 표현했다. 이 명제는 오늘날에도 유효하다. 그러나 전쟁에 관한 투키디데스의 설명은 동시에 해방적 요소와도 연결된다. 막스 베버Max Weber는 투키디데스의 역사서에 서양 합리주의의 한 사례가 들어 있다고 보았다. 베버는《펠로폰네소스 전쟁사》에서 세계의 탈주술화로 이어지는 이성의 한 사례를 보았던 것이다. 실제로 투키디데스의 전쟁 개념은 전쟁에서 마법을 제거한다. 이 명제는 우리의 사고, 행동, 감정의 폭력적 조정자인 전쟁의 정체를 밝힌다. 그러나 전쟁에서 마법을 제거하는 사람은 동시에 전쟁의 힘도 제거한다. 서양 합리주의의 많은 문제에도 불구하고 이 점은 장점이라고 할 수 있다. 합리주의적 이성은 전쟁의 탈신화화를 통해, 즉 인간의 정서와 마음을 조정하는 전쟁의 기능을 밝혀서 전쟁의 장악력을 약화시킨다. 전쟁과 거리를 두고 사유하는 것이 여기에 기여하기를 바란다.

이런 지평을 염두에 두고 이 책에 나오는 에세이들을 읽어야 할 것이다. 먼저 오늘날 전쟁의 근본 요소들을 다룬 아홉 편의 에세이가 나온다. 이 아홉 개의 주제는 서로 긴밀하게 연결되어 있고, 그 철학적 반성들 또한 서로 연결되어 있다. 열 번째 에세이는 이 아홉 가지 주제의 일반적인 사회 구성 기능을 다룬 결론적 성찰이다. 마지막 에필로그에서 성찰과 사유의 목표인 평화에 좀 더 다가가기 위해 책 전체에 들어 있는 반군사주의를 분명하게 밝힌다.

차례

프롤로그   4

1장 세계사   15

2장 법   29

3장 권력   47

4장 해방   63

5장 자기보존   83

6장 영웅   101

7장 제도   119

8장 불안   141

9장 종교   161

10장 군사주의   179

에필로그   198

후주   204

1장

세계사

Weltgeschichte

"세계사는 세계 법정이다." 게오르크 헤겔Georg Hegel의 표현이다.[1] 고개가 갸웃해지는 등식이다. 지난 2년 동안 유럽은 우크라이나 전쟁의 영향을 강하게 받았다. 우크라이나 전쟁을 대입하면 헤겔의 다음 주장은 이상하게 들린다. "개인과 국민이 삶에서 누리는 영광, 대중의 국가와 개인의 자립 및 행복과 불행은 의식된 현실 속에서 특정한 의미와 가치를 띠고, 그 속에서 평가되고 불완전하지만 정당성도 얻는다. 세계사는 이런 관점들 바깥에 존재한다."[2] 이 관점대로라면 역사적 과정이 사람들의 삶보다 우선한다. 사람들은 각각의 역사적 과정에 이의를 제기할 정당한 근거가 없다. 그들의 유한한 관점은 사건의 전체 과정을 판단하기에는 너무 좁기 때문이다. 그 대신 세계사가 역사의 적나라한 과정을 통해 개인의 행복과 불행을 최종 판결한다.

이 모든 논리가 우크라이나 전쟁에도 적용될 수 있을 것이다. 당연히 전쟁은 역사적 사건이다. 게다가 우크라이나 전쟁은 여러 사건 중 단지 하나에 불과한 사건이 아닌 것처럼 보인다. 많은 사람이 우크라이나 전쟁을 세계사적 사건이라고 주저 없이 말한다. 우크라이나 전쟁은 '시대 전환Zeitenwende'을 시작하고, '한 시대Ära의 종말'을 알리면서, '새로운 구간으로epochal 이동'한다.³ 이 표현들은 그 자체로 의미가 있다. 구간Epoche은 거대한 역사를 구분하는 단위이고, 애라Ära는 거대한 역사의 내용적 단위이며, 시대 전환Zeitenwende은 애라의 변환을 뜻하기 때문이다.• 이처럼 우크라이나 전쟁은 새로운 시대의 시작을 상징한다. 이 전쟁이 새로운 세계사의 속도를 정한다. 한편 괴테Johann Wolfgang von Goethe는 발미 전투를 회고하면서 이렇게 표현했다. "세계사의 새로운 시대가 오늘 여기에서 시작되고, 당신들은 그 현장에 있었다고 말할 것이다."⁴ 우크라이나 전쟁을 시대의 전환으로 규정하는 것은 이런 괴테의 입장을 토대로 한다.

• 여기서는 Epoche, Ära의 의미를 엄밀하게 구분했지만, 인문사회과학 분야에서는 대체로 두 단어를 동의어로 사용한다. 한국어로는 시대나 시기 정도로 번역할 수 있다. Epoche와 Ära에 해당하는 영어 단어 epoch와 era 역시 대체로 동의어로 사용되며, 주로 시대로 번역된다. 이 책에서도 특별한 구별이 필요하지 않을 때는 두 단어 모두 시대로 번역했다.

이제 헤겔의 등식으로 돌아가 보자. 우크라이나 전쟁은 세계사적 사건이므로 헤겔의 등식에 대입될 수 있을 것이다. 하지만 그것이 헤겔의 등식을 의아스럽게 만든다. 이 전쟁이 국가와 개인의 행복과 불행, 개인과 국민의 삶의 영광보다 우선하는 역사적 과정을 정하는 데 동참할 것이기 때문이다. 다시 말해, 이 전쟁은 세계 법정에서 수단으로 쓰일 것이고, 세계 법정은 관련된 사람들이 어떤 이의도 제기할 수 없는 최종적 판결을 내릴 것이다. 그러나 현실은 정확히 그 반대다. 관련자들이 겪은 일은 모든 재판 과정에서 결정적 상황으로서 의미를 얻는다. 이것이 바로 헤겔 등식의 허점이다. 사람들이 겪은 전쟁의 상처가 과연 세계사에서 등식의 마지막 단어, 즉 세계 법정으로 이해될 수 있을까?

이 질문을 자세히 살펴보자. 먼저 짚어야 할 점이 하나 있다. 헤겔은 부정의 사상가였다. 부정이 구체화한 고통은 헤겔에게 낯선 것이 아니었다. 그러므로 세계사를 인간사의 최종심으로 설정하는 것이 개인의 고통을 간과하겠다는 뜻은 아니다. 그렇다고 고통을 그대로 두겠다는 뜻도 아니다. 그 대신에 부정은 구체화된 고통의 형식으로도 전체 역사 속에서 건설적으로 작동해야 한다. 헤겔은 이렇게 말한다. "우리가 역사를 …… 대중민족들의 행복, 국가의 지혜, 개인의 미덕을 희생시킨 도살대로 이런 관점에서 보면 고통은 역사적 임무가 있다. 세계사적 고통은 단순히 행복한 삶을 부정하는 것이 아니라 자유 의식을 키우는 맥락에 기여해 이런 부정을 넘어선다.

보는 한, 이 끔찍한 희생이 누구를 위하고 어떤 최종 목적을 위한 것이었는지 물을 수밖에 없다."[5] 이 물음에 대한 답은 역사의 전체 맥락 안에서 찾을 수 있다. 역사적 과정은 부정적인 것이 필요했다. 그래서 부정적인 것은 개별이 아닌 전체 안에서 일어나는 것이 타당했다.

이렇게 말하려면 인간 역사 전체를 이성의 역사로 이해해야 한다. 이 점에 대해서 헤겔은 의심의 여지를 남기지 않는다. 헤겔은 분명하게 말한다. "세계사는 …… 정신의 권력이 내리는 단순한 재판, 즉 눈먼 운명의 추상적이고 비이성적인 필연이 아니라, …… 오직 정신의 자유 개념에서 비롯되는, 이성적 순간과 정신의 자의식 및 자유의 필연적 발전이다. 즉, 보편 정신의 발현이자 실현이다."[6] 그러므로 역사라는 도살대는 결코 권력을 마구잡이로 실행하지 않는다. 그보다는 역사 안에서 자유 의식, 즉 이성적인 어떤 것이 형성된다는 점을 인식하는 것이 중요하다. 이 형성이 바로 보편 정신의 실현이다. 이것을 이해하면 인간의 재앙도 보편 정신의 실현에 통합될 수 있다.

이런 관점에서 보면 고통은 역사적 임무가 있다. 세계사적 고통은 단순히 행복한 삶을 부정하는 것이 아니라 자유 의식을 키우는 맥락에 기여해 이런 부정을 넘어선다. 이를 인식하기 위해서는 이 맥락을 직시할 필요가 있다. 맥락을 직시한다는 것은 개별 관점, 특히 고통받는 사람의 관점만 고집해서는 안 된다는 뜻이다. 그보다는 전체를 바라보는 시선이 필요하다. 전제를 조망할 때 부정적 순간의 긍정적 기여를 인식할 수 있다. 이렇게 역사적 전체성을 인식할 때 불행과 고통에서 '자유 의식의 진보'[7]를 판독할 수 있다.

이제 이 모든 것을 정리할 특별한 표현이 필요하다. 우리는 그것을 '최종 생각Abschlussgedanken'[8]이라고 부를 수 있는데, 최종 생각이란 전체를 대표할 수 있는 생각을 의미한다. 그런데 전체 역사가 바로 다름 아닌 세계사다. 그리고 여기서 원이 완성되어 마무리된다. 맨 앞에서 제시한 헤겔의 등식이 곧 최종 생각임이 밝혀졌다. 즉, 세계사를 생각해야만 역사적 고통의 기능을 이해할 수 있다. 뒤집어 말하면 이 기능을 이해하면 세계사를 생각하게 된다. 세계사를 세계 법정으로 보는 것은 특정 사건을 정당화하는 것이 아니라, 역사적 과정을 전체 맥락 안에 통합하는 것이다. 이런 통합에서 '개인과 국민이 삶에서 누리는 영광'과 '국가와 개인의 행복과 불행'은 두 번째 줄로 밀려난다. 이것들은 부정적이고, 세계 법정과 관련이 없다.

그럴듯하게 들린다. 이렇게 하면 역사의 과정들이 자의성에서 벗어나 맥락 안으로 들어오지 않을까? 그리하여 재앙과 고통, 즉 전쟁도 이성적으로 극복할 수 있지 않을까?

여기서 우리는 특별히 세 가지 점에 주목해야 한다.

첫째, 역사적 전체 맥락을 의미하는 최종 생각은 형이상학적 생각이다. 이 형이상학적 생각은 역사적 절대성을 다룬다. 결과적으로 세계사는 역사적 조건 아래 있지 않고, 모든 역사적 조건을 내포하고 있다. 따라서 세계사는 무제약자das Unbedingte를 역사적 형태로 만든다. 그러므로 역사적 고통의 통합에는 암묵적 형이상학이 들어 있다. 우리는 이 형이상학이 어떤 종류인지 물어야 한다.

이 질문의 대답이 바로 우리가 주목해야 할 두 번째 사항이다. 이 형이상학은 미래를 잃어버린 형이상학이다. 역사 과정에 대한 최종 생각은 오직 자신의 현재에만 닿을 수 있다. 미래에 일어날 일은 최종 생각의 범위를 넘어선다. 그러므로 최종 생각은 역사적 전체 맥락을 고려하지 않는다. 전체 세계사에는 과거, 현재, 미래 세 차원이 있기 때문이다. 청년 헤겔주의자들이 이미 이 문제로 자신의 스승을 비판했는데, 미래를 간과하는 사람은 언제나 잠정적으로만 역사를 통합한다는 것이다.[9] 잠정적 최종 생각은 최종 생각이 될 수 없다. 그저 임시방편으로 머물 뿐이다. 또한 헤겔이 제안한 세계사가 잠정적 구간 그 이상이어야 할 이유도 분명하지 않다.

셋째, 결국 헤겔의 이 역사 형이상학 안에는 독특한 확실성이 들어 있다. 이 확실성은 바로 "세계사는 세계 법정이다"라는 문장에 숨어 있다. 이 문장은 프리드리히 실러Friedrich Schiller의 시, 〈체념Resignation〉에서 왔다.[10] 이 시에서 체념은 당연히 엄격한 의미에서의 체념이다. 이 시의 제목은 '레지그나티오 아드 인페르눔resignatio ad infernum', 즉 자신의 지옥행을 기꺼이 받아들이는 경건한 인물을 떠올리게 한다. 과거 그리스도인들은 그리스도와 함께 지옥에 가는 것이 그리스도 없이 천국에 가는 것보다 낫다고 믿었다. 인간에게는 구원을 요청할 권리가 없다고 봤기 때문이다. 여기서 경건한 체념이 극단으로 향했다. 이것은 그리스도교 종말론에 대한 잘못된 이해를 보여준다.[11] 그러나 우리의 맥락에서 보면 체념은 구원 청구권을 포기하는 것이다. 헤겔은 실러를 인용하면서 바로 이 구원 청구권의 포기를 역사적 사고에 도입했다. "세계사는 세계 법정이다"라는 말은 역사 속에서 구원을 포기해야 한다는 뜻이다. 역사적 과정들을 행복하게 바꾸어달라는 청원을 들어줄 신이 존재하지 않는 한, 우리는 역사의 지배 아래 놓여 있다. 그런 이유로 세계사 자체가 더는 법정 앞에 서지 않고 직접 법정을 만든다. 이를 통해 신이 아닌 세계사가 인간의 일들을 다루는 최고 권리를 주장한다.

여기서 다음과 같은 결론이 나온다. 역사라는 도살대를 자유 의식의 작업장으로 해석하는 헤겔의 등식은 도살대에도 구원의 측면이 존재할 수 있다는 희망을 포기한다. 이제 남은 것은 역사적 폭력을 유용한 악으로 판독하는 일이다. 세계사는 정당하므로 권리를 주장할 수 있고 이런 세계사 안에서 역사적 폭력은 유용한 악이다. 역사를 이성적으로 관찰하는 사람은 역사 안에서 이런 합리성을 인식할 수 있다. 특히 전쟁의 불합리성이 이런 합리성에 봉사한다.

그러나 앞에서 보았듯이 세계 법정에 필요한 형이상학은 잠정적 최종 생각만 사유할 수 있다. 말하자면 최종 생각을 전혀 사유하지 못한다. 따라서 이 형이상학은 체념의 기초를 제공하지 못한다. 대신 주어진 것들에 대한 부분적 이해, 즉 현재의 관점에서 보는 지금까지의 역사를 전체 역사로 부풀린다. 이 부풀림이 세계사를 세계 법정으로 보는 등식에 다시 부정적으로 작용한다. 이 등식 안에서 주어진 역사적 상황은 정당성이라는 가면을 쓰고, 정당성은 역사적으로 주어진 것이라고 가정한다. 이 둘은 일치하지 않음에도 등식 안에서는 하나이자 같은 것이 되려고 한다. 미래가 지금까지의 세계사를 재판할 수는 없을까? 체념하는 역사 형이상학에는 진정한 전체 맥락이 빠져 있다. 역사의 전체 맥락을 온전히 채우려면 이 형이상학은 미래를 파악하려고 노력해야 한다. 그러나 이런 노력은 구원의 포기와 모순된다.

이렇게 이 등식은 의미를 잃고, 역사적 과정과 정당성의 일치가 깨진다. 역사를 더는 법정으로 볼 수 없다. 그것은 독특한 결과로 이어져, 이제 세계사와 세계 법정의 일치도 두 개로 쪼개진다. 사람들은 상황에 따라 역사적 과정을 우선시하거나 정당성을 우선시한다. 역사적 과정에 우선권을 주면 역사는 단순히 권력 행사의 장이 되고, 정당성에 우선권을 주면 역사는 규범의 훈련장이 된다. 그렇다면 세계사적 분기점이자 시대전환이라고 불리는 우크라이나 전쟁은 무엇이 될까? 그 결과는 분명하다. 우크라이나 전쟁은 획기적인 권력 투쟁이 되거나 정당성의 단호한 관철이 될 것이다.

오늘날 바로 이런 일이 일어나고 있다. 어떤 사람들은 전쟁을 부당한 국가에 대항해 정당성을 관철하는 수단으로 이해한다. 또 어떤 사람들은 확장 욕망에 맞서는 보호 및 방어 전투로 이해한다. 국제관계 이론은 이런 상반된 이해를 '이상주의'와 '현실주의'의 대립이라고 부른다. 국제관계 이론은 헤겔의 세계사 개념과 관련해 다음과 같은 사실을 보여준다. 우리는 형이상학적 사고의 붕괴 요소들을 이해하지도, 극복하지도 못한 채, 이 요소들을 다루면서 탈형이상학적 상황으로 이동하고 있다. 카를 마르크스Karl Marx는 이렇게 말한 적이 있다. "모든 죽은 세대의 전통이 살아 있는 자들의 뇌를 악몽처럼 짓누른다."**12** 우크라이나 전쟁의 경우 악몽은 역사적 전체주의인데, 그것의 최종 생각은 이미 180년 전에 끝났다. 전쟁의 억압 속에서 사람들은 획기적 변환을 맹세한다. 그러나 이런 맹세를 요구하는 전체 맥락은 아직 생각하지 못한다. '세계사는 세계 법정'이라는 공식이 붕괴된 빈 공간에서는 이해할 수 없는 메아리가 울려 퍼진다.

2장

법

Recht

전쟁을 벌이는 사람들은 대부분 자신이 옳고 정당하다고 생각한다. 나토가 유고슬라비아를 공습한 지 15년이 지난 후, 당시 독일 총리는 독일이 세르비아를 폭격한 것은 국제법 위반이었다고 고백했다. 그러나 그 위반 행위가 부당했다고는 인정하지 않았다.[1] 오히려 더 높은 법이 있는 것처럼 말하며 그 법을 위해 국제법을 위반할 수밖에 없었다고 말했다. 그 상위의 법이란 바로 인도주의적 재난 상황에서 훼손되는 인권이다. 사람들은 독일 전 총리의 이런 해명에 흠칫 놀랐다. 위르겐 하버마스 Jürgen Habermas는 이 폭격이 국제법에서 '종이 한 장 차이'로 합법화되었다면서 독일의 폭격을 정당화했다.[2] 이 논리에 따르면 어떤 일이 단순히 법적 규범에 해당하는지 아닌지는 중요하지 않다. 법은 행위에 어느 정도 구속력을 행사하고, 어떤 행위가 법의 심판을 피할 수 있었던 것은 그저 운이 좋았을 뿐이다. 사람들은 어떤 경우에도 자신들이 벌인 전쟁을 옳지 않은 행위로 보려 하지 않고, 정당화하기 위해 애쓴다.

이는 새로운 일이 아니다. 플라톤의 《대화편》, 〈알키비아데스〉 1편에서 주인공인 청년 전략가 알키비아데스는 소크라테스의 질문에 이렇게 대답한다. "누군가 올바르게 행동하는 사람들을 상대로 전쟁을 일으키려 생각했더라도, 그것을 실행하지 않을 것입니다." 소크라테스는 이렇게 덧붙인다. "그 전쟁은 적법하지 않기 때문이지." 이 의견에 알키비아데스는 동의한다. "당연히 적법하지 않습니다. 또한 아름답게 보이지도 않습니다."³ 그래서 사람들은 자신의 호전성을 법으로 누른다. 불법적이거나 추악한 행동을 하고 싶지 않기 때문이다. 그러나 알키비아데스는 올바른 것과 올바르지 못한 것을 어떻게 아느냐는 소크라테스의 질문에, 확실한 대답을 내놓지 못하고 해결할 수 없는 모순 상태, 즉 아포리아*에 빠진다. 알키비아데스는 올바른 행동을 실제로 하지 않고도 올바름과 그릇됨을 안다고 생각하기 때문이다. 그러나 모든 악의 책임은 그것을 안다고 믿는

• 아포리아는 해결하기 어려운 문제, 난제와 모순을 의미한다. 원래는 '막다른 골목' 정도의 뜻으로 쓰이지만 이론을 발전시키기 위해서는 우선 문제점을 명확히 한다는 의미에서 아포리아의 발견을 중시하는 경우도 있다.(위키백과 참조)

무지에 있다. 유일한 탈출구는 자신의 무지를 고백하고 올바른 것을 보는 통찰을 얻으려고 노력하는 것뿐이다.[4] 이 논리에 따르면 감각 세계에서 관념의 왕국으로 넘어가는 것만이 전쟁의 정당성을 다루는 데 도움이 된다. 오직 형이상학만이 도움을 준다는 것이다.

그렇다면 왜 이런 정당화 노력이 예나 지금이나 시도되는 것일까? 그 이유는 아마도 어떤 중요한 약속이 법 안에 담겨 있기 때문일 것이다. 주어진 것에는 최종 결정권이 없다는 약속. 이 약속은 이미 고대 철학이 구별한 피시스Physis(자연)와 노모스Nomos(법 혹은 규범) 개념에 들어 있다. 고대 그리스 철학자들은 관습, 도덕, 법률은 도시마다 다르지만, 자연은 어느 도시에서나 같은 모습이라는 사실을 숙고하면서 이 두 가지 영역을 구분했다.[5] 그들은 자연은 주어진 것이지만, 정치적 상호관계 규칙들은 인간이 만들었다고 보았다. 이 생각에 따르면 인간이 만든 규칙들은 단순히 주어진 것들을 넘어선다. 여기까지는 아직 피시스와 노모스가 분리되지 않고 주어진 자연과 만들어진 법이 서로 연결되어 있다. 그러나 여기서 중요한 차이가 생겨난다. '주어진 것'과 '주어진 것을 넘어서라고 요구하는 다른 것'이 만난다고 해석할 수 있게 된 것이다.

이 요구는 현대에 와서 여러 새로운 개념으로 확장되었고,

결국 사실성과 타당성의 구분으로 이어졌다.[6] 사실성은 이미 주어진 것이나 사실과 관련이 있다. 반대로 타당성은 늘 반사실적인 것까지 뻗어 있다. 법률, 법, 요구는 사실이 이것들을 충족하지 못하거나 훼손할 때도, 혹은 이것들과 모순될 때도 정당성을 갖기 때문이다. 그리고 바로 이것이, '주어진 것에는 최종 결정권이 없다'는 법에 담긴 약속의 기초다. 타당성은 부과된 것 Aufgegebene을 기준으로 측정되어야 한다. 의심스러운 경우, 부과된 것이 주어진 것에 반대할 수 있다. 그러므로 타당성이 인정된 것은 단순한 사실보다 더 크다. 타당성은 필연성의 형태를 띤다. 즉, 인과관계나 논리가 아니라 실제 일어난 일과 반대되는 것을 요구한다. 이런 의미에서 사실적인 것은 반사실적인 것을 만난다.

전쟁과 법도 이런 맥락에서 연결된다. 전쟁은 주어진 것에 속한다. 전쟁은 현실 세계에서 일어나는 사실이다. 그러므로 우리는 이 사실들을 고려해야 한다. 그러나 이런 사실성이 전쟁의 전부는 아니다. 전쟁이 법과 연결될 수 있는 것은 반사실적인 것에도 근거를 두기 때문이다. 당연히 정치, 사회, 경제, 문화, 정신적 요소들이 만드는 세계는 여전히 전쟁의 토대다. 이 사실적 토대는 이를 넘어서는 요구들에 굴복한다. 이 굴복 덕분에 정당한 전쟁과 부당한 전쟁을 구별할 수 있게 된다. 이에 따라서 전쟁은 사실성과 타당성의 긴장 속에 놓인다. 전쟁은 주어진 것이면서 부과된 것이기를 원한다. 아니면 최소한 부과된 것의 요구, 즉 법의 요구와 조화되기를 원한다.

이런 조화는 보통 정당화 주장을 통해 만들어진다. 러시아는 우크라이나 전쟁에서 자신들이 정당하다고 생각하는데, 나토(북대서양 조약 기구) 회원국이 러시아의 내부적 붕괴를 꾀하고 외부적 위협을 가하기 위해 쓰는 경제 및 군사적 봉쇄 전략을 막아야 했기 때문이다. 마찬가지로 우크라이나도 자신들이 옳다고 생각한다. 러시아의 침공으로 자치권과 영토의 통합성이 훼손되었기 때문이다. 또한 나토 회원국들도 우크라이나를 위한 자신들의 재정, 물자, 기술 지원이 옳다고 여긴다. 불의한 국가의 침략 전쟁으로 국제법이 무너진 상황에서는 동맹국을 지원하는 것이 당연하기 때문이다. 이런 정당화 주장들은 서로서로 얽혀 있다. 이런 주장들이 전방위적으로 전쟁을 응원한다.

이 모든 것을 종합해 판결할 수 있는 법원은 없다. 물론 몇몇 국제 법원들이 존재하기는 한다. 그러나 이 국제 법원들은 근본적인 문제를 안고 있다. 국제 법원들의 핵심 규범은 세계시민성이다.[7] 쉽게 말해 국제 법원들은 지구 위에 있는 모든 사람을 한 세계의 시민으로 이해한다. 그래야 자신들의 법적 관할권을 전 세계 모든 사람으로 확장할 수 있다. 철학적으로 보면, '세계

시민성' 개념은 특히 이마누엘 칸트Immanuel Kant의 영향을 크게 받았는데, 칸트의 세계시민성 개념은 자연적으로 발생하는 국가 간의 분쟁을, 모두에게 적용되는 보편법으로 해결하고 영원한 평화라는 무한 과제를 수행하려고 했다.[8] 칸트의 이 사상은 오늘날에도 여전히 남아 있다. 그러나 '세계시민성'은 국제 사법권에 어떤 아이디어도 제시하지 않은 채, 하나의 업무 원칙에 머물렀다. 그렇게 국제 사법 기관들은 익숙한 일차원적 관점으로 전 세계 국가에 시민으로서의 법적 관계를 강요한다.[9] 그뿐만 아니라, 국제 사법 기관들은 국가 사이의 모든 전쟁을 세계 내전으로 슬며시 바꾸어놓는다. 국제 사법권은 모든 사람을 세계 시민으로 이해하면서 그들이 벌이는 전쟁을 지구 시민들 사이의 내전으로 이해하기 때문이다.

이런 이해를 통해 국제 사법권은 전통적인 전쟁 억제 정책을 철회한다. 과거 베스트팔렌 조약의 성과는 국가 사이에 일어나는 전쟁과 교파 사이에 일어나는 내전을 구분했다는 데 있다. 이 구분을 통해 아래 시에 잘 나타나는 30년 전쟁의 트라우마가 법적으로 종결될 수 있었다.

"도시가 보이지 않는다! 그곳은 얼마나 혼란스러운가 / 검붉은 불꽃으로: 집들은 불에 탔다 / 재와 잔재들 속으로: 누군가 또 있지 않을까 / 잿더미 속에서 반쯤 탄 몸들을 찾는 사람 / 그 몸들 중 뼈들 중 생기 없는 것들을 불 속으로 던져버린다! / 우리는 불꽃 속에 타고 있는 그들의 곤경을 바라본다 / 어찌할 바를 모른 채."[10]

베스트팔렌 조약 덕분에 상반되는 도덕들이 평화롭게 공존하게 되었다. 이 평화 조약은 각 교파의 내용에 더는 상관하지 않았다. 단지 그들의 외면적 관계에만 관심을 두었다.

베스트팔렌 조약 이후에는 시민 사이에 일어나는 내전과 국가 사이에 일어나는 전쟁의 차이를 인정하는 것이 일반화되었다. 카를 슈미트Carl Schmitt와 그의 제자들은 점차 이 문제에 거의 강박처럼 매달렸다. 그들은 어떤 정치 이념이든 충분히 채워지면 옛 종파적 내전을 세속화된 형태로 다시 깨울 위험이 있다고 보았다. 그리고 19세기 이후 보수주의, 자유주의, 사회주의로 분열된 탓에 세계 내전이 일어났고, 이들의 평화협정을 방해할 수 있는 것은 권위주의 국가들의 결단주의적 주권뿐이라고 보았다. 결단주의적 주권은 이념적 내용은 비워둔 채 순전히 실존적으로 친구와 적을 구별한다.[11] 한편 슈미트 학파의 입장은 파시즘과 쉽게 결합되었다. 이 결합은 주권적 결단이 결코 내용적 갈등을 초월하지 않고, 그 자체로 정치적 내용임을 알려준다.

그러므로 주권적 결단은 이데올로기 내전의 바깥에 있지 않고, 오히려 이 내전 안에 한 자리를 차지한다.

그러나 슈미트 학파의 관점에는 중요한 사실이 하나 담겨 있다. 바로 전쟁과 내전을 혼동해서는 안 된다는 것이다. 특히 세계 차원에서 이런 혼동이 있어서는 안 된다. 이를 혼동하면 두 가지 문제가 발생한다.

우선 전쟁을 내전처럼 강력한 경찰력을 통해 진압해야 한다고 여기게 된다. 글로벌 거버넌스global governance•에 대한 논의가 실제 이런 방향으로 가고 있다. 그럴듯하게 들린다. 그러나 글로벌 거버넌스 논의에서 개별 국가 동맹은 자신들의 결정권을 공공연하게 요구한다. 더 심각한 문제는 상황 전체가 국제적 예외 상태로 흘러갈 가능성이 높다는 점이다. 내전과 함께 비상 상태에 들어가게 되고, 특정 국가들과 그들의 동맹이 자신들의 힘을 이용해 만들 수 있는 국제 경찰력이 비상 권력을 쥐게 될 것이다. 제2차 걸프전쟁 이후 세계 질서 전쟁이 이런 특성을 띠

• 전쟁이나 환경 문제 등 전 세계적 규모의 문제들에 대해 개별 국가가 충분히 대응하지 못할 때, 국제 사회가 그 해결 활동을 전개하는 것을 말한다. 1990년대 초부터 냉전의 종결과 세계화의 진전 등 국제 정치의 구조적 변화를 거치면서 기존의 국가 중심적 국제관계를 대신하는 새로운 국제 질서의 개념으로 등장했다.

고 있다.[12]

둘째(그다지 좋지 않은데), 전쟁이 내전으로 이해되면 전쟁 당사자 중 적어도 한쪽이 범죄자로 간주될 수 있다. 국가 간 전쟁과는 달리 내전은 이미 법질서의 훼손을 의미한다. 이것은 평화협정에서 문제가 된다. 어떤 전쟁 당사자도 자신을 범죄자로 이해하지 않는다. 만약 전쟁이 국제 사법권의 관점에 따라 세계 내전으로 서술된다면, 그것은 전쟁 당사자들이 각자의 이해 안에서 범죄에 대항해야 한다는 것을 의미한다. 즉, 자신이 정당하다고 여기는 전쟁 당사자는 상대를 범죄자로 여긴다. 그렇게 상대를 범죄자로 여기게 되면 범죄자와 평화조약을 맺어야 하는 모호한 상황이 발생한다. 슈미트는 여기서 '차별적 적 개념'에 대해 말한다.[13] 실제로 이 개념은 전쟁이 내전으로 변환하는 것과 관련이 있다.

그래서 더 상위의 사법권이 평화를 보장하는 일은 쉽지 않다. 전쟁 당사자들의 정당화 논리는 여전히 서로 충돌하기 때문이다. 그들은 법의 약속을 공허하게 만든다. 부과되는 것은 확실히 단순히 부과되지 않는다. 부과는 특정 상황에서 특정인들에 의해 이루어지므로, 그들의 관점에 좌우된다. 이는 일반적인 상황에서도 문제를 낳지만, 전쟁 상황에서는 더욱 큰 문제가 되는데, 전쟁 시에는 최종 판결을 내릴 수 있는 사법권이 존재하지 않기 때문이다. 세계사는 세계 법정이라는 헤겔의 등식은 이런 문제를 알지 못했다. 헤겔이 등식은 주어진 것과 부과된 것, 즉 역사 과정의 전체 맥락과 최고 사법권을 동일시했다. 그러나 이 등식이 깨진 후에도 문제는 여전히 존재한다. 전쟁 당사자들의 정당화 충돌은 끊임없이 새롭게 발생하기 때문이다.

마르크스주의자들은 법이 사회의 상부구조에 속한다며, 이 모든 일이 놀랍지 않다고 말할 것이다. 법은 사회적·경제적 토대 위에 생겨난 이념이자 필연적 허상이라는 것이다. 그렇기에 마르크스주의자들에게 법은 권력의 표현일 뿐이다. 이 관점에 따르면 다양한 권력의 위치가 다양한 법적 위치로 표현되고, 이에 따라 전쟁의 정당화 논리들은 필연적으로 충돌할 수밖에 없다. 그러나 좀 더 깊이 숙고한 마르크스주의자라면 다음과 같이 말할 것이다. "법은 권력의 표현이면서 동시에 척도이기도 하다."[14] 사회 이념은 사회적 토대의 단순한 반영 이상을 보여주기 때문이다. 즉, 사회 이념은 사람들이 함께 살아가는 데 필요한 한계, 가능성, 그리고 기준을 제시한다. 그러므로 이념은 사회적 권력 상황을 반영하는 단순한 거울이 아니라, 사회적 권력 상황의 견고함을 무시하고 상황을 바꿀 수 있는 어떤 가능성의 공간을 열어준다. 이런 이념 이해는 이념으로서의 법을 이해하는 데도 적용된다. 그러므로 법은 하나의 척도를 만들고, 권력은 이 척도에 따라 측정되어야 한다. 그렇게 해야 권력은 강력해지고 그 힘을 유지할 수 있다.

이 논리는 다음과 같이 전쟁에도 어느 정도 적용될 수 있을 것이다. 한편으로 전쟁의 정당성과 부당성은 사회적 맥락, 즉 전쟁 당사자들 사이의 관계, 전쟁 당사자들 상위 관계의 사실성을 반영한다. 다른 한편으로 법의 요구들은 이런 사실성을 뛰어넘는다. 법은 전쟁 당사자에게 전쟁의 정당성 입증을 요구하고, 그것을 통해 전쟁을 어떤 척도 아래에 둔다. 전쟁 당사자가 이 요구를 실행하지 않으면, 사실의 힘은 아마도 그 척도로 인해 힘을 잃을 것이다. 권력의 사실성은 이렇게 다시 법의 타당성과 결합하는 것처럼 보인다.

그러나 이 결합이 안정된 토대가 되지는 않는다. 오히려 전쟁의 법적 규제를 완전히 모순에 빠뜨릴 수 있다. 그 모순은 다음과 같다. 권력의 사실성과 법의 타당성은 서로 얽혀 있다. 법의 요구들은 권력 상황을 반영하는 반면, 권력 상황은 법의 요구로 척도를 갖기 때문이다. 한편으로는 이 둘이 서로 분리되어 있어야 한다. 그렇지 않으면 부과된 것은 주어진 것의 표현에 불과하기 때문이다. 법 자체는 이런 모순에서 벗어날 수 없다. 이처럼 법은 사실성과 타당성 사이의 불안정한 관계에서 나오며, 바로 이 불안정한 관계가 법의 특성이다.

전쟁에서 한 당사자가 자신이 옳다고 생각한다면, 그 당사자는 자신이 부당하다고 여기는 사실에 맞서 자신의 정당성을 폭력으로 관철하려고 한다. 그러면 다른 전쟁 당사자는 이 폭력을 법에 어긋나는 사실로 보고, 이에 저항하여 자신의 법을 관철하려 노력한다. 이렇게 전쟁 당사자들은 사실성과 타당성을 서로 나누어 갖는다.

이 모순은 전쟁에서 폭력적으로 드러난다. 전쟁에서 한 당사자가 자신이 옳다고 생각한다면, 그 당사자는 자신이 부당하다고 여기는 사실에 맞서 자신의 정당성을 폭력으로 관철하려고 한다. 그러면 다른 전쟁 당사자는 이 폭력을 법에 어긋나는 사실로 보고, 이에 저항해 자신의 법을 관철하려 노력한다. 이렇게 전쟁 당사자들은 사실성과 타당성을 서로 나누어 갖는다. 즉 자신에게는 타당성을, 상대에게는 불법적 사실성을 각각 할당한다. 그리고 상대의 폭력적 법 집행에 똑같은 폭력적 법 집행으로 응수한다. 그 결과 적대적 당사자들은 불법적 전쟁을 포기하라는 법적 요구를 공유하고, 이것이 전쟁의 동력이 된다.

이 모든 것은 두 가지 폭력 사이에 존재하는 근본적인 법적 차이와 관련이 있다. 법적 차이에 따라 폭력은 승인된 폭력과 승인되지 않은 폭력으로 나뉜다. 이 구분은 전쟁에도 적용된다. 옳고 정당하게 전쟁을 수행하는 사람은 승인된 폭력을 행사한다. 반면 옳지 않고 부당한 사람은 승인되지 않은 폭력을 행사한다. 이런 구분의 근거는 무엇일까? 발터 벤야민Walter Benjamin은 일반적으로 인정받는 승인에는 역사적 기원이 있다고 생각했다.[15] 벤야민에 따르면 승인은 역사적 사건에서 비롯된다. 벤야민이 법적 타당성을 역사적 사실의 사실성으로 환원한다고 오해해서는 안 된다. 오히려 카를 슈미트의 논제가 이런 환원주의적 경향이 있다. 법의 타당성은 주권 행위의 우발적 결정에서 성립된다는 것이다. 그러나 벤야민에게는 법적 타당성이 아니라 승인, 즉 사람들에 의한 법적 타당성의 인정이 중요했다. 승인이 없다면 법적 타당성은 부과된 것들의 영역에서 서서히 사라질 것이다. 그러므로 폭력을 정당하고 합법화된 것으로 만들기 위해서는 승인이 필요하다. 그리고 이 승인은 역사적 행동에서 일어난다.

만약 법적 타당성의 인정, 즉 법적인 동의가 역사적 사건이라면, 승인되고 동의된 폭력은 역사적 기원을 갖게 된다. 따라서 반사실적으로 정당화된 폭력조차도 사실적 폭력으로 정체를 드러낸다. 벤야민은 이것을 '운명적 폭력'으로 표현한다.[16] 승인을 요구하고 역사적으로 전해 내려오는 사실성은 운명이기 때문이다. 그러므로 승인된 폭력은 받아들여야 한다.

이제 위에서 설명했던 전쟁을 둘러싼 타당성과 사실성의 관계는 또 다른 모습을 보여준다. 벤야민의 고찰이 그것을 분명하게 보여준다. 전쟁 당사자들이 사실성과 타당성을 서로 반대로 나누어 가지고 있는 한, 그들은 승인된 폭력과 불승인된 폭력을 동시에 서로 반대로 나누어 갖는다. 이때 승인과 불승인은 역사적 사실성에서 나온다. 그러므로 상반된 운명적 폭력이 서로 얽혀 있다. 승인의 역사적 기원은 다른 역사적 기원들과 대립한다. 이 대립성 때문에 전쟁의 정당화에는 인정할 만한 것, 신화적인 것, 비합리적인 것이 종종 들어 있다. 왜 지금 여기서 이런 방식으로 전쟁을 해야 하는지 해명하는 모든 정당성 주장들은 그래서 의도치 않게 전쟁의 운명적 측면을 꾸며내게 된다.

이런 당혹스러운 상황은 전쟁을 법의 관점에서 파악하고 싶은 희망에서 나온 결과다. 또한 헤겔 등식의 붕괴에서 나온 부산물이기도 하다. 세계사는 세계 법정이라는 말은 역사 자체를 법적 권위로 삼으면서 사실성과 타당성의 분리를 모호하게 만들었다. 이 등식은 사실성과 타당성을 강제로 통합했다. 반대로 이 등식이 붕괴되면, 사실성과 타당성의 분리가 명확하게 드러난다. 세계사는 세계 법정이 아니므로, 개별 역사 과정도 정당성을 따지지 않는다. 결국 역사의 사실성이 역사의 법적 특성을 압도하고, 법적 특성은 권력의 수단이 된다. 이제는 어떤 전쟁 행위도 정당성을 주장할 수 없다. 대신 그저 단순한 전쟁 당사자만 남는다. 종종 자신을 법 집행자로 이해하면서 말이다. 부과된 것으로서의 전쟁은 주어진 것 안에서 갈등을 심화한다. 헤겔 등식에 들어 있는 사실성과 타당성의 단일성이라면 어쩌면 이 갈등을 해소할 수 있을 것이다. 그러나 사실성과 타당성이 분리된 후로 전쟁과 법을 긍정적으로 연결하려는 시도는 오히려 법을 모호하게 만든다.

3장

권력

Macht

헤겔의 등식은 깨졌고, 등식의 한쪽 편인 법이 모호해졌다면, 이제 등식의 다른 한 편인 사실적 역사 과정이 전면에 등장할 차례다. 바로 이 사실적 역사 과정에서 권력이 드러나고 실행된다. 여기에서도 법은 여전히 중요한 요소지만, 철저하게 권력의 상황과 실행 안에서만 존재한다. 따라서 전쟁은 이제 법이 아니라 권력으로 이해된다.

전쟁을 권력의 관점에서 이해하는 것은 현실 정치에서 주로 나타난다. 이 관점은 전쟁에서 규범 대신 '사실'을 파악하려고 하고, 사실들로 전쟁을 평가하려고 한다. 러시아의 안보 필요성, 우크라이나 헌법의 문제, 유럽 통합의 문제, 미국 외교 정책의 과중한 부담, 흑해 통제권 등이 우크라이나 전쟁에서 등장하는 사실들이다.[1] 아이러니하게도 이사야 벌린Isaiah Berlin이 이런 이야기를 쓴 적이 있다. "현실 정치를 추구하는 사람은 대부분

3장 **권력**

47

악한 일을 은밀히 계획한다."**²** 현실 정치의 옹호자들은 벌린의 이런 지적에 크게 신경 쓰지 않을 것이다. 선과 악은 그들의 범주가 아니다. 대신 그들은 이해, 전략, 조건을 깊이 따진다. 그렇다고 해서 그들에게 추구하는 이상이 없다는 말은 아니다. 그들은 주어진 현실이 자신들의 이상과 모순되더라도, 이상을 제쳐두고 주어진 것을 받아들인다. 그렇게 해야만 정치 세계 안에서 자신들의 능력을 입증할 수 있다고 여기기 때문이다. 그래서 그들은 파악된 권력 상황Machtlagen을 확신한다. 다른 모든 것은 환상에 불과하다고 여긴다.

권력 상황에서 오직 하나의 권력만이 활동하는 게 아니다. 다양한 권력들이 상황 속에서 서로 쌓여 있고, 얽혀 있으며, 위치를 바꾼다. 이 권력들은 스스로 변하기도 한다. 권력의 위치도, 권력 자체도 견고하게 유지되지 않는다. 따라서 권력 상황이란 변화하는 권력들의 변화하는 관계로 이해할 수 있다. 더 나아가 각각의 권력은 자기 내부에 존재하는 권력 상황의 관계로 이해될 수 있다. 이렇게 권력의 크기는 식별이 가능할 정도로 각각 다르다. 그러나 권력은 실체가 아니라 변화하는 관계들의 묶음이다. 그러므로 전쟁을 권력의 관점에서 이해한다는 말은 전쟁을 변화하는 관계로 해석한다는 의미다. 변화하는 관계들을 통찰하면 권력을 평가할 수 있다.

권력을 평가하고 싶은 사람은 특히 두 가지 일을 해야 한다. 권력 상황 안에서 지배 권력을 인식하고, 권력 상황의 흐름을 파악해야 한다. 그래야 권력을 더 구체적으로 평가할 수 있다. 권력 평가는 단순히 권력을 파악하는 작업이 아니다. 중요한 권력, 거대 권력, 혹은 강대국들과 그들의 변화를 파악하는 일이다.

《거대 권력들Die großen Mächte(강대세력들)》은 레오폴트 폰 랑케Leopold von Ranke가 1833년에 당시 유럽 상황을 파악하려고 썼던 글이다. 랑케는 이 글을 통해 "우리가 처해 있는 세계의 순간을 훨씬 더 분명하고 확실하게 보여주고……"³ 싶었다. 이를 위해 랑케는 유럽의 주요 다섯 나라를 선별했고, 이 다섯 나라 사이의 역동적인 관계를 설명했다. 그가 뽑은 다섯 나라는 프랑스, 영국, 러시아, 오스트리아, 프로이센이었다. 이 작업을 통해 랑케는 '유럽'이라는 개념의 의미를 이해할 수 있었다. 유럽은 거대 권력들의 협주곡이었다.

랑케에 따르면 권력 상황을 살펴보는 일은 단순히 이해관계를 살피는 것에 그치지 않는다. 오히려 역사적 통합을 추구하는 정신에 보다 관심을 둔다. 더 나아가 역사 자체가 무엇을 하는지도 주시한다. 랑케는 이렇게 말한다.

얼핏 보기에 국가와 민족들의 혼란스러운 충돌과 공격 그리고 그에 따른 결과가 세계사를 만드는 것 같지만 그렇지 않다. 또한 매우 자주 의심을 받는 문화 장려가 세계사의 유일한 내용도 아니다. 세계사를 만드는 것은 힘이다. 특히 삶을 만들어내는 정신적 창조력이자, 삶 그 자체이며, 세계사의 발전에서 드러나는 도덕적 에너지다. 우리는 그것들을 정의하고 추상화할 수는 없지만 보고 인식할 수 있으며, 그것의 존재에 공감할 수 있다. 그것들은 융성하고, 세계를 점령하고, 다채로운 모습으로 등장하고, 서로 싸우고 제한하고 정복한다. 상호작용과 계승, 그것들의 흥망성쇠, 그리고 더 큰 풍요, 더 높은 의미, 더 넓은 범위를 포괄하는 부흥에 세계사의 비밀이 숨겨져 있다.[6]

이 인용구에서는 이상주의적 어조가 느껴진다. 굳이 귀를 막지 않는다면 그의 주장은 여전히 감동적이다. 랑케의 주장에 따르면 정치·역사적 기술 관료들의 빈약한 상상력으로는 권력 상황을 읽고 그 의미를 파악할 수 없다. 이 작업의 주제가 되는 권력의 형세Konstellation는 창조력의 관계와 역학에서 만들어지고, 이 창조력을 인지하고 표현하는 작업이 바로 권력 상황을 이해하는 일이다. 이런 작업으로만 '세계사적 순간을 시각화'할 수 있다. 이 주장에 따르면 권력을 평가하는 일은 정치 기술이 아니다. 거대한 권력들(그리고 더 작은 권력들도)의 혼란스러운 충돌과 공격 그리고 그에 따른 결과에서 형세 변화를 파악하고 그 변화를 느끼는 것을 의미한다. 그리고 전쟁 또한 유럽 강대국들의 형세에 중요한 요소이므로 이런 창조력에 속한다.

그러나 랑케의 개념은 확장이 불가피했다. 랑케는 구성 요소들의 상호작용에 의존하는 국가 체제를 생각해냈고, 이 체제를 형성과 변형의 관점에서 이해했다. 권력 상황은 창조적이었다. 그러나 거대 권력들 옆에 당대의 세계 권력과 세계 권력이 되고자 하는 세력이 등장했다. 세계를 지배하려는 권력들이 등장하면서 상호작용 이외에 헤게모니 욕구도 중요해졌다. 헤게모니 욕구는 다양성 대신 단일성을 지향했다. 이런 단일성은 변형을 포함하지 않았다. 단일성은 패권의 주장, 굴복, 구속을 동반했다.

권력들의 싸움은 서로 반대 방향을 지향해서 생긴다. 이 싸움은 한편으로는 역동적 형세 속에 있고, 다른 한편으로는 헤게모니 공간을 만든다. 기록 보관소에서 기록 연구사로 살며 독일 파시즘 시절을 버텨낸 루트비히 데히오Ludwig Dehio는 독일의 헤게모니 추구가 실패로 끝난 후 《균형 혹은 헤게모니Gleichgewicht oder Hegemonie》(1948)라는 책을 써서 이런 양날의 검을 주장했는데, 이 주장의 목적은 당시 독일의 폐허 상황을 이해하기 위해서였다.[5] 그 폐허는 제2차 세계대전의 결과물이었다. 이 폐허를 보면 균형과 헤게모니를 둘러싼 거대한 권력 간의 전쟁은 또 다른 의미를 갖는다. 전쟁은 권력 관계와 권력 변동 속에서 작동하는 창조적 힘만이 아니다. 오히려 전쟁은 그저 파괴적이기만 한 힘으로 권력의 형세를 깨버린다. 다시 말해 권력의 형세 자체에 이미 전쟁의 폐허가 들어 있다. 권력의 상호작용에 이런 본질적 위기가 추가된다.

권력의 형세 안에 내재한 파괴적 본성은 창조적 힘에 큰 충격을 주어 힘의 창조적 변형이라는 뜨거운 묘사를 차갑게 식힌다. 이 충격 때문에 국가와 민족들의 흥망성쇠가 덜 장엄해 보인다. 그래서 다른 요인들이 영향력을 발휘한다. 영국 역사가 폴 케네디Paul Kennedy는 사회주의 국가들이 쇠락하기 직전에 거대 권력의 흥망을 독특한 관점으로 서술하며 랑케의 글을 언급했다.[6] 그러나 사실 케네디의 작업은 랑케와 큰 관련은 없다. 랑케의 경쾌하고 날카로운 구상이 700쪽에 달하는 두꺼운 책으로 변신했을 뿐만 아니라, 강대국의 흥망에 영향을 미치는 두 가지 요소, '경제 변화'와 '군사 갈등'이 추가되었다. 이 두 가지 요소가 추가되면서 창조적 힘은 결국 냉정한 요소들에 자리를 내주어야 했다. 이제 거대 권력은 공감의 명상을 위한 협주곡 연주자가 아니라 경제와 전쟁의 결과물이 되었다.

케네디의 의도는 결코 비판이 아니었다. 그저 거대 권력에 적절하게 대처하는 방법을 다뤘을 뿐이다. 그러므로 권력을 평가한다는 말은 경제 변화와 군사 갈등을 평가한다는 뜻이다. 결론적으로 말해, 전쟁을 권력 관점에서 이해한다는 것은 권력을 전쟁 관점에서 이해한다는 뜻이기도 하다. 랑케도 이렇게 이해했다. 다만 랑케는 '권력의 존재에 공감'할 수 있도록 이 이해를 창조력에 대한 이해로 상승시켰다. 공감을 배제하면 그저 군사적 요소만 남을 뿐이다. 그렇게 되면 랑케가 몰두했던 도덕적·정신적 에너지는 사라져버린다. 사실 사람들은 랑케와 반대되는 의견에 동의하고 싶어 한다. 시인 페터 학스Peter Hacks는 이렇게 말한다. "대외 정치는 영혼이 없는 정치다. 그것은 권력 말고 다른 이유를 모른다."[7]

한편 상호작용과 계승, 흥망성쇠, 부흥과 번영에 관한 랑케의 말들은 괴테의 변형 이론을 떠올리게 한다. 괴테의 이론은 식물의 변형뿐 아니라 예술, 자연, 사회를 넘어 전 분야에 적용되었다. 괴테는 전쟁에 대해 이렇게 말했다. "전쟁은 사실 질병이다. 전쟁 때는 건강과 생존을 위해 사용되는 체액이 자연에 어긋나는 이질적인 것을 키우는 데만 사용되기 때문이다."[8] 여기서는 창조적 힘이 완전히 다르게 보인다. 육체의 힘이 균형을 잃을 때 병에 걸리듯이, 인간 사회도 힘의 불균형 때문에 병에 걸린다. 이런 불균형의 결과가 전쟁이다. 안전, 복지, 명성, 야

———

육체의 힘이 균형을 잃을 때 병에 걸리듯이, 인간 사회도 힘의 불균형 때문에 병에 걸린다. 이런 불균형의 결과가 전쟁이다. …… 그래서 전쟁은 질병과 닮았다.

망, 자유에 대한 사랑 등은 그 자체로 보면 전혀 나쁘지 않은 요소들이다. 그러나 이들의 관계는 적절하지 않다. 그래서 전쟁은 질병과 닮았다.

따라서 괴테의 해석을 통해 《거대한 권력들》이 말하는 개념을 단호하게 반박할 수 있다. 에케하르트 크리펜도르프Ekkehart Krippendorff는 전쟁 반대, 즉 국가와 대외 정치에 반대하는 몇 편의 글에서 괴테를 인용했다.[9] 크리펜도르프의 작품들은 1980년대 평화운동의 주역인 교육받은 중산층 진영을 대표한다. 이들은 근대 국가와 상비군 제도가 떼려야 뗄 수 없는 관계로 엮여있다고 주장했다. 이 연결은 두 가지를 보여준다. 첫째, 대외 정치가 국가 정치에서 우선순위를 차지한다. 둘째, 이 대외 정치의 핵심은 군사 정책이며 근대 국가는 전쟁에 의해 규정된다. 그러므로 결과적으로 국가 정치는 전쟁을 기본 관점으로 제시하고, 사람들을 전쟁에 끌어들일 수밖에 없다. '거인들이 사람들과 노는 법'이라는 괴테의 표현이 전쟁과 국가의 이런 관계를 폭로한다. 거대 권력들과 그 통치자들의 실체가 반인간적 광기라는 것이다. 그리고 괴테의 정치는 이 광기를 최대한 피하려고 노력했다. 즉, 괴테는 평화라는 정치의 중심 사상 아래, 거대한 권력과 의식적인 거리 두기, 바이마르 문화에 따라 살기, 국가의 모든 주요 행위와 거리 두기를 실천하려고 노력했다.

대외 정치에 대한 이런 비판 뒤에는 표현되지 않은 소망이 들어 있다. 국가 민족Staatsnation과 문화 민족Kulturnation사이의 오랜 갈등을 문화 민족 우위 정치를 통해 해결하고자 하는 마음이 바로 그것이다.[10] 국가 민족은 권력 국가 및 국가 이성과 연결되어 있으며 외부적으로는 전쟁, 내부적으로는 통치와 연결된다. 이와 반대로 문화 민족에는 사실 국가가 특별히 필요하지 않다. 독일 역사가 보여주듯이 문화 민족은 다양한 국가에서 만들어질 수 있고, 모든 시민을 포괄한다. 크리펜도르프는 국가와 군대 비판을 위해 이 문화 민족 구조를 가져왔다. 크리펜도르프가 보기에 모든 국가는 필연적으로 권력 국가이고 따라서 전쟁을 불러오므로, 국가 차원에서 안팎으로 협력할 수 있는 새로운 문화 민족을 생각하는 게 기본적으로 유용했기 때문이다. 이 문화 민족들은 군대와 전쟁 없이도 탄생할 것이다.

이 구상은 거대 권력들을 창조적 힘으로 설명하는 미화를 없애는 일종의 해독제다. 또한 여기서는 바이마르 정신이 포츠담 정신에 대항한다. 무엇보다도 서독 시절에 계승되던 생활 양식이 이 구상에 큰 영향을 미치고 있다. 거대한 권력 아래에서 서독은 순수하고 중립적으로 자신의 문화를 보호하려고 했고, 지역주의와 세계주의를 동시에 추구했다. 현실 정치인들은 여기서 가벼운 비웃음을 보낼 것이다. 이런 태도는 강대국의 보호를 받는다고 생각하는 약소국의 태도와 비슷하다. 더 나아가 이제 독일은 권력 게임 참여, 즉 전쟁 참여를 강요당하는 것처럼 보인다. 이렇게 괴테의 평화주의 정치 구상은 허수아비가 된다.

그러나 국가 민족과 문화 민족의 대립은 국가와 문화의 차이를 하나 보여주는데, 이 차이는 권력의 다른 면을 드러낸다. 야코프 부르크하르트Jacob Burckhardt의 잠재력 이론Potenzen이 권력을 새롭게 조명한다. 부르크하르트는 '잠재력'을 역사를 조직하는 요소라고 이해했다. 그는 국가, 종교, 문화라는 세 가지 잠재력을 제시했다.[11] 여기서 문화와 국가의 차이는 역사 과정의 표현 차이다. 이 두 가지 잠재력은 상호 조건 관계로 이해할 수 있다. 그리고 만약 국가가 제한하는 틀 안에서 문화를 받아들이면, 국가와 문화의 차이는 기울기로 파악하게 된다. 이는 다시 우리를 권력 문제로 이끈다.

우선 국가를 통한 문화의 제한은 결국 '일방적 지시와 중단'으로 수렴한다.[12] 왜 그럴까? 부르크하르트가 보기에 문화는 강제적 타당성이 없는 자발적 정신 운동이기 때문이다. 반면 국가는 강제적 폭력을 행사한다. 따라서 국가는 문화적 자발성의 방향을 정하고, 그 자발성을 억제하려는 경향이 있다. 국가는 문화를 중앙집중화한다. 이것은 근대성에서 대체로 익숙한 경험이었고, 특히 이 경험은 시민사회가 활발한 도시를 불안하게 만들었다.[13] 이런 맥락에서 아래와 같은 부르크하르트의 유명한 명제가 나온다.

권력은 누가 행사하든 상관없이 그 자체로 악이다. 권력은 고수하는 것이 아니라 탐욕이므로 채워질 수 없다. 그래서 그 자체로 불행하고[,] 다른 사람들을 불행하게 만들 수밖에 없다. 필연적으로 사람들은 탐욕스럽고 보존 욕구가 강한 왕조뿐만 아니라 개별적 '위인', 즉 문화의 부흥과 번영에 관심이 가장 적은 세력의 손아귀에 들어간다.[14]

부르크하르트는 이 글을 통해 권력은 채워질 수 없는 탐욕이라고 규정한다. 권력은 완결을 맺지 못하고 언제나 더 많은 것을 원한다. 이 과정에서 정신의 자발성에도 손을 뻗쳐 자신의 통제 아래 두려고 한다. 그러나 채울 수 없는 욕망인 권력은 늘 불행하다. 왜냐하면 행복은 뭔가가 충족된 삶이기 때문이다. 더욱이 채울 수 없는 욕망인 '권력'은 자신뿐 아니라 다른 사람들도 불행하게 만든다. 자신이 얻을 수 있는 모든 것에 손을 뻗치기 때문이다. 그래서 권력은 악이라고 부를 수 있으며, 인간 삶을 불행으로 이끈다.

여기에서 한 가지 결론을 얻을 수 있다. 권력의 관점에서 이해하는 전쟁은 창조적 힘들의 형세 안에 있지 않다. 또한 전쟁을 설명 가능한 냉정한 사실들로 축소할 수도 없다. 오히려 전쟁은 부르크하르트의 말처럼 채워질 수 없는 탐욕을 표현한다. 그러므로 권력이 추동하는 전쟁은 장기화, 확대, 격화를 추구한다. 전쟁은 정신의 자발성을 편파적으로 만들고, 침묵하게 만든다. 전쟁은 '문화의 부흥'에 큰 관심을 두지 않는다. 전쟁의 결과는 불행이다. 이것이 현실 정치 관점에서 규정하는 모든 전쟁 개념에 들어 있는 공공연한 비밀일 것이다. 전쟁이 악한 짓을 꾸민다고 해서 전쟁 안에 악함이 들어 있는 게 아니다. 전쟁이 악한 이유는 권력 자체가 악하기 때문이다.

4장

해방

Befreiung

권력은 두 가지 얼굴을 가졌다. 우월한 권력Übermacht과 형성 권력Gestaltungsmacht, 즉 '~ 위에 있는 권력'과 '~을 위한 권력'이 그것이다. 앞 장에서는 첫 번째 얼굴을 살펴보았다. 첫 번째 얼굴에서 전쟁은 점령하고 강제하는 모습을 보여준다. 부르크하르트는 이런 권력을 불행과 악이라고 불렀다. 권력의 두 번째 얼굴은 이와 다른 모습을 보여줄 것이다. 이 두 번째 얼굴을 이해하려면 부르크하르트의 부정적인 권력 규정을 포기하고, 현실 정치의 실증적 관점도 제거해야 한다. 왜냐하면 형성 권력은 사람들이 고려해야 하는 기존 요소들의 영역을 넘어서기 때문이다. 형성 권력이야말로 랑케가 강대국에 잘못 부여했던 바로 그 창조적 특성을 갖는다. 그래서 형성 권력은 이미 있는 것들을 초월한다.

이에 따라 권력을 보는 세 번째 관점이 등장한다. 니체

Nietzsche가 이 관점을 표현하기 위해 노력했다. 부르크하르트는 권력 자체가 악하다고 말했지만, 거의 동시대에 살았던 니체는 선과 악 너머를 지향했다.[1] 실제 니체는 부르크하르트에게 배웠다. 바젤에 살던 시절에 니체는 부르크하르트와 대화하려고 노력했다. 심지어 "권력은 누가 행사하든 그 자체로 악이다"라는 문장이 나왔다고 알려진 부르크하르트의 강의를 듣기도 했다. 그러나 성숙한 니체에게 그 문장은 무의미하게 보였을 것이다. 정확히 두 가지 차원에서 그러했을 것이다. 니체가 보기에 첫째, 권력은 선과 악을 넘어서서 실행되고, 둘째, 권력은 행사되는 게 아니라 스스로 행사하기 때문이다. 이 말은 무슨 뜻일까?

카를 뢰비트Karl Löwith는 니체의 생각을 세 단계로 구분했다. 니체의 생각이 '너는 해야 한다du sollst'에서 '나는 원한다Ich will'로, 다시 '나는 존재한다Ich bin'로 이동했다고 본 것이다.[2] '너는 해야 한다'는 규범과 가치의 영역을 대표한다. 그 핵심은 도덕이다. 여기서 도덕을 행동 규칙과 관습으로만 이해해서는 안 된다. 도덕은 단순한 규칙을 넘어 행동, 생각, 감정 등 인간 존재의 모든 영역에 부과된 것 전체를 포괄한다. 도덕은 존재에 맞서는 의무의 영역을 다루고, 그 중심 개념은 선과 악이다. '나는 원한다'는 이 도덕 영역을 흔든다. 이 문장은 도덕의 계보를 꿰

뚫어 보았고, 도덕을 강자에 대한 약자의 지배로 인식했으며, 바로 이 가치를 뒤집는다. 이런 전복을 통해 '이 모든 것 뒤에는 의지가 있다'라는 통찰, 다르게 표현하면 '이 모든 것이 권력의 산물이다'라는 통찰을 불러올 수 있다. 여기서 권력은 형성, 생산, 능력과 같은 것을 의미한다. 마지막으로 '나는 존재한다'는 이런 형성, 생산, 능력을 존재 자체에 다시 가져온다. 이 문장에는 의지가 최종적인 것이 아니라는 인식이 들어 있다. 오히려 의지는 우리가 살고 움직이며 존재하는 세계 속 거대한 놀이의 일부다. 의지는 존재의 행위다.

뢰비트의 설명은 니체 사상에 대한 동의할 만한 해석이다. 그런데, 왜 이 설명에는 일인칭 단수가 들어 있을까? 다르게 질문해보면, 왜 뢰비트는 '의지'와 '존재' 대신, '나는 원한다'와 '나는 존재한다'고 말할까? 뢰비트와 달리, 니체는 살아가려는 의지, 진리를 향한 의지, 권력을 향한 의지처럼 '무엇무엇에 대한 의지'만을 말했다. 이 질문에 대한 대답은 이렇다. 의지를 포함하는 표현들에서는 자기관계가 중심이므로 자아인 '내'가 이 놀이에 들어오게 된다.

먼저 진리를 향한 의지에서 시작하자. 학문적인 삶은 이런 의지 속에서 진리라는 규범을 지향한다.[3] (나중에 푸코도 같은 말을 한다. "학문적 삶은 진리 체제에 복종한다."[4]) 그러므로 객관적 이상에 헌신하는 것과 동시에 진리 추구는 자기 자신을 어떤 기준 아래에 두는 자기관계를 수용하는 것이다. 이렇듯 처음부터 진리 추구는 주체성과 관련이 있고, 그렇기에 자아와도 관련이 있다. 그러나 이런 자기관계는 결점이 많은 것으로 드러난다. 실제로 이런 자기관계는 주체성의 한 형태를 만들면서도, 어떤 객관적인 것에 자신을 맞춘다고 믿는다. 따라서 이런 자기관계는 자신의 자아를 객관적으로 인식하지 못한다. 자아는 '너는 해야 한다', 즉 '너는 진리에 너를 맞추어야 한다'는 명제를 따르므로, 기울어진 자기관계를 만든다. 이와 반대로 자아가 자신의 주체성 안에서 자신을 받아들인다고 가정하면, 자기관계는 회복된다. 이제 진리는 객관적인 것이 아니라는 것을 알게 된다. 진리는 객관적 규범인 척하는 주체성의 의지가 만든 산물이다.

니체는 이런 단계를 '도덕 바깥에 있는 의미로서의 진리와 거짓'이라는 독특한 자신만의 명제와 연결한다. 왜 그럴까? 주체성이 진리를 자기 의지의 산물로 인식하게 되면, 주체성은 이 진리를 더는 규범과 가치로 이해하지 않으며, 규범과 가치를 자신에 맞서고 자신을 노예화하는 것으로 여긴다. 규범과 가치의 영역이 '도덕'을 만들기에, 여기서 진리는 도덕 바깥에 있는 의미로 나타난다. 이제 이렇게 인식할 수 있다. 진리는 "사람들이 존재한다는 사실을 잊어버렸던 환상이다. 이미 낡아서 그 의미가 힘을 잃어버린 비유다. 그림이 닳아 없어져 동전이 아닌 금속으로만 보이는 동전이다."⁵ 그러므로 사람들은 진리의 규범을 창조적인 의지의 산물로 바꿀 수 있다. 여기서 '너는 해야 한다'가 '나는 원한다'로 바뀐다.

'나는 원한다'는 아직 축약된 자기관계를 보여준다. 계속해서 진리를 향한 의지를 살펴보자. 니체는 진리가 자기가 만든 것이라는 환상을 환상으로 받아들이면서 스스로를 극복했다. 그는 진리는 닳아버린 동전에 불과하다고 생각했다. 동전의 창조적이고 비유적이며 환상적인 내용이 진리 규범 저 너머에서 이제 새롭게 나올 수 있다. 그러나 이 문제를 끝까지 생각한다면, 진리에 관한 진리도, 즉 진리들은 돌처럼 굳어버린 환상들이라는 통찰도 환상임을 고백해야 한다. 이런 관점은 이미 니체의 《즐거운 학문》이라는 작품 제목에 담겨 있다. '즐거운' 학문은 엄격한 학문이 아니다. 즐거운 학문은 진리 규범이라는 강제에서 해방되어 모든 학문의 전제조건인 진리를 향한 의지를 땅에 던져버린다. 그 결과 학문은 스스로를 지양한다. 학문은 우연한 놀이가 된다.

당당한 세계 – 놀이는
존재와 가상을 뒤섞는다. –

영원한-광대가

우리를 그 안에 섞어 넣는다!**⁶**

결국 '나는 존재한다'만 남게 되는 이유가 여기서 분명해진다. '나는 존재한다'는 주체성을 말한다. 이 주체성은 단지 자기 존재를 놀이처럼 즐겁게 전개하기 위해 객관성을 제쳐둔다. 선악을 넘어선 니체의 창조적 권력이 이 주체성으로 흘러간다.

따라서 '너는 해야 한다'에서 출발해 '나는 원한다'를 거쳐 '나는 존재한다'로 가는 길은 순수하면서도 자신과 관련된 형성 권력을 발산한다.

이 권력을 전쟁과 연결할 수 있을까? 전쟁 또한 자기 전개의 과정으로 이해할 때만 그렇다. 니체의 권력 이해는 너무 비어 있어서 이런 이해가 명백해 보이지는 않는다. 니체는 '너는 해야 한다'에서 '나는 원한다'로 가는 단계에서 전쟁이 수행하는 기능을 최소한 세 가지 언급했다. 즉, 전쟁을 ① 문화적 규범 뒤흔들기로, ② 노예도덕에 대항하는 기획 '여가와 전쟁otium et bellum'이라는 표어의 일부로, ③ 위대한 삶의 요소로 언급했다. 우파 니체주의자들은 이 구절을 기꺼이 받아들였다.**⁷** 그러나 권력의 관점에서 전쟁을 이해하는 데 이 구절이 갖는 의미는 실제로 크지 않다. 오히려 이 구절은 전쟁의 부작용을 다룬다. 니체

이론의 창조적 권력 개념에서 전쟁에 관한 이해를 얻기 위해서는, 니체의 이론을 과장할 필요가 확실히 있었다.

우리 시대 니체 좌파가 이런 이해를 가능하게 했다. 가장 중요한 증언은 마이클 하트Michael Hardt와 안토니오 네그리Antonio Negri의 《제국Empire》이다.[8] 두 사람의 제국 개념은 20세기 말 지구화 시대 사회적 투쟁들에 자기이해를 제공했다. 이 자기이해의 핵심은 대중multitude(다중)의 창조적 힘이다. 전 세계적 싸움에서 다중의 '나는 원한다'가 전 세계적 제국의 '너는 해야 한다'로부터 다중 자신을 해방한다. 다중은 선악을 넘어서, 옛 가치의 전도 안에서, 엄청난 형성 권력의 발현을 통해, 새로운 사회의 생산물로서 자기를 이해한다. 여기서도 주체성이 중요하다. 그러나 이 주체성은 귀족적 개인이 아니라 지구적 대중 속에서 형성되는 주체성이다. 그리고 이런 다중 주체성의 핵심은 자율이다. 즉, 다중 주체성은 자본주의 제국의 지구적 타율에 대한 대응으로 스스로 자신을 펼쳐간다. 따라서 다중 주체의 형성 권력은 세계 질서, 세계 질서의 주권 및 생명 정치에 저항하면서 실현된다. 만약 전쟁이 이런 저항의 창조적 형태를 보여준다면, 그 형태는 어떤 모습일까?

이런 전쟁은 명백히 해방 전쟁일 것이다. 그러나 하트와 네그리는 이 문제에 대해서는 계속해서 침묵한다. 두 사람은 지배 권력의 변화를 가져오는 침략 전쟁에 관심이 더 많았다. 더욱이 네트워크화되고 탈국경화된 지구저 지배 세력이 자신들의 세계 영역에서 영원한 평화를 위해 정의로운 전쟁을 수행했다고 생각했던, 1차 이라크 전쟁은 두 사람이 그리는 제국의 모습을 확인해주었다. 이와 반대로 지구 대중의 권력은 무장 활동보다는 반생명정치에서, 인간 '생기'의 전복적이고 창의적인 재구성에서 더 잘 나타난다. 그러나 하트와 네그리는 팔레스타인의 인티파다 Intifada•와 치아파스의 사파티스타 게릴라 Zapatistaguerrilla••도 언급했고,[9] 두 저항 운동을 해방 전쟁으로 이해했다. 이를 종합하면 이렇게 말할 수 있다. 제국 안에서의 전쟁은 어떤 지구적 통치의 영원한 평화를 위한 전쟁이거나 대중의 창조적 권력에서 나오는 이 지배에 저항하는 전쟁이다. 대중의 창조적 권력은 지역적 상황에서 출현해 곧장 전 세계로 뻗어간다.

이런 맥락을 두고 하트와 네그리는 혁명 투쟁들의 관계를 재해석하자고 제안했다. 혁명 투쟁들의 깊은 연관 사슬을 설명하

• '봉기', '반란'을 뜻하는 아랍어로 팔레스타인인들의 반이스라엘 투쟁을 통칭하는 표현이다. 1987~1993년까지 일어난 1차 인티파다와 2000년 9월 일어난 2차 인티파다로 나뉜다.
•• 현존하는 중남미 최대의 반정부 게릴라 조직으로 1994년 1월 북미자유무역협정(NAFTA) 체제 반대와 원주민 착취 중단 및 권익 옹호 등을 목표로 정부를 상대로 봉기한 운동이다. 남부 치아파스주를 중심으로 원주민들의 권리를 요구하는 무장투쟁을 벌여왔다.

기 위해 마르크스는 윌리엄 셰익스피어William Shakespeare의 말을 활용했다. "잘 팠어, 늙은 두더지야!"[10] 마르크스는 이 문장으로 얽히고설킨 혁명 투쟁들의 복잡한 관계의 깊이를 보여주었다. 그러나 이 문장은 낡은 세계 질서에 해당된다. 제국의 새로운 세계 질서에서는 두더지 대신 뱀이 일한다.[11] 이 말은 투쟁들이 표면적으로만 서로 연결되어 있다는 뜻이다. 역사 유물론이란 도구를 이용해 발굴해야 하는 깊은 연결고리들이 더는 존재하지 않는다. 지구 제국의 표면 위에서 눈에 띄게 활주하는 다중의 권력만 존재할 뿐이다. 다중의 권력은 모든 곳에서 제국을 재구성할 수 있다. 해방 전쟁도 그 방법 중 하나다.

　유로마이단Euromaidan* 활동가들과 그들의 추종자들이 오늘날 우크라이나 전쟁에서 비슷한 맹세를 한다. 그들은 인티파다처럼 민족적 전형으로 돌아가고 싶어 하면서도, 자신들을 지구적 다중의 일부로, 즉 지구적 다중의 형성 권력의 표현으로 여긴다. 이런 인식은 특별히 좌파들에게 확인을 요청한다. 어떤 이들에게는 러시아의 침략에 대항하는 우크라이나 전쟁이 뱀처럼 전 지구를 미끄러져 다니는 것처럼 보인다. 그렇게 이 전쟁

• 2013년 11월 21일 우크라이나에서 우크라이나와 유럽 연합과의 통합을 지지하는 대중들의 요구로 시작된 대규모, 지속적인 시위이자 시민 혁명

은 민족적 사건이 아니라 지구적 저항 세력의 일이 되었다.

그러나 이런 해석은 투영에 불과하다. 오래전에 하트와 네그리 구상의 영향력은 줄었다. 지구 질서를 바라보는 그들의 니체적 관점은 단편적이다. 대중의 창조적 저항 권력은, 그것이 두더지든 뱀이든 상관없이, 거의 감지되지 않는다. 이런 무력함은 모든 니체주의가 수행하는 정치의 미학화와 관련이 있다. 니체주의에서 중요한 것은 제도, 법, 과정이 아니라 창조적 주체성이다. 이런 강조는 전혀 나쁘지 않다. 니체주의자들의 착각 속에서 창조적 주체성이 객관적 폭력의 실행 기관이 된다는 점이 간과되지 않는다면 말이다. 그들의 '존재미학'이[12] 자신들을 지구적 대중으로 부풀린다고 해서 더 정치적이 되는 것은 아니다. 기껏해야 존재미학은 집단적 자기돌봄으로 흘러갈 뿐이다. 그리고 존재미학이 지구 권력의 분파들이 수행하는 우크라이나 전쟁을 권력에 반대하는 해방 전쟁으로 오해한다면, 존재미학은 그 즉시 이런 권력들의 지배를 위해 일하게 된다.

따라서 해방 전쟁 담론은 다시 옛 민족주의 해방 전쟁으로 축소된다. 이 담론을 지지하는 사람들은 19세기 식민주의와 직접 연결하지 않기 위해 우크라이나 전쟁을 반식민주의적 동기로 꾸민다. 오늘날 이 전쟁은 러시아 제국주의에 맞서는 우크라이나 '해방민족주의'[13] 전통에 있다는 것이다. 그 배경은 명확하

다. 민족 해방 운동은 식민주의에 반대하는 남반구의 운동이었
다. 이 운동은 반제국주의를 표방했다. 이제 이 민족 해방 운동
이 동유럽 국가로 옮겨온다. 따라서 우크라이나 민족주의는 단
순한 유럽적 민족주의가 아니라 제국주의 러시아에 맞서는 반
제국주의적 해방민족주의다. 이렇게 유럽에 맞서 싸웠던 반식
민주의 투쟁이 유럽의 목표와 가치로 평가될 수 있다. 그리고
유럽인들은 스스로 결백을 입증할 수 있다. 유럽은 더는 제국주
의가 아니기 때문이다. 최근에 유럽에서 배제된 러시아가 유럽
대신 새로운 제국주의 권력이 된다.

　이 해방민족주의의 수용은 또 다른 배경에서 더욱 다채로
워진다. 오래전부터 해방민족주의는 새로운 우파의 핵심 기획
의 틀을 제공했다.[14] 이 기획 또한 복합적인 식민지 구도를 왜곡
했다. 그 주장은 다음과 같다. 제2차 세계대전 이후 유럽은 미
국과 소련이 지배하는 식민지적 상황에 있었다. 유럽 민족들
은 이런 미국과 소련에 대항해, 1953년 동독 봉기나 1980년대
폴란드의 연대노조 운동과 같은 저항 운동을 펼쳤다. '얄타 체
제'에 반대하는 이런 반식민주의 봉기는 계속되었다. 여기서는
두 지배 제국이 유럽을 식민화해 분할했다고 보았다. 이런 생
각은 1980년대 독일 평화 운동에도 어느 정도 영향을 미쳤다.
전직 군인이자 평화연구자인 알프레트 메흐터스하이머Alfred

민족 해방 운동은 식민주의에 반대하는 남반구의 운동이었다. 이 운동은
반제국주의를 표방했다. 이제 이 민족 해방 운동이 동유럽 국가로 옮겨
온다. 따라서 우크라이나 민족주의는 단순한 유럽적 민족주의가 아니라
제국주의 러시아에 맞서는 반제국주의 해방민족주의다.

Mechtersheimer가 이런 주장의 전달자 중 한 명이었다. 1987년부터 1990년까지 연방의회 녹색당 의원을 지낸 그는 두 '식민 세력'의 군비 경쟁에 대항해 해방민족주의 관점에서 독일의 중립을 선동했다. 두 세력 중 하나가 종말을 맞은 후, 그는 통일을 통해 다시 자신감을 얻은 독일 민족에 평화를 맡겼다.[15]

이런 주장들은 해방민족주의 개념이 유럽에서 반제국주의 평화와 반제국주의 전쟁을 모두 포괄한다는 것을 보여준다. 두 가지 모두 자신들을 외국 식민 지배자의 희생자로 이해하는 민족 개념과 연결된다. 따라서 창조적 형성 권력은 모든 측면에서 민족의 자립을 형성하는 권력으로 귀결된다. 여기에는 극단적 측면도 포함된다. 이런 귀결이 유로마이단 우파 그룹이나 스테판 반데라Stepan Bandera* 동상 세우기도 우크라이나 해방민족주의에 속하는 실제 이유일 것이다. 그리고 이런 귀결이 유럽 평

• 우크라이나의 독립운동가이자 극우 민족주의 무장 조직인 우크라이나 민족주의자 기구(OUN)의 지도자였다. 제2차 대전 당시 나치 독일이 침공해오자 폴란드 감옥에서 풀려나 나치 독일에 협력했지만, 이후 독일과 상관 없이 우크라이나의 독립을 선언해 쿠데타 미수로 간주되어 체포되기도 했다. 이에 오늘날 우크라이나에서 반데라에 대한 평가는 완전히 상반된다. 소련 붕괴 후 우익 민족주의 진영에서는 우크라이나 독립 투쟁의 상징이 되었으나, 좌파 진영과 폴란드 및 러시아에서는 파시즘의 옹호자이자 민간인 학살 등을 주도한 전쟁 범죄자로 평가된다.

화주의가 종종 미국을 향한 적대감을 동반하는 실제 이유일 것이다. 이 두 가지 사례를 볼 때, 우크라이나 전쟁이 식민지 유럽에 이익을 주는 반식민주의 투쟁이라는 진단은 인간 해방이 민족을 위한 헌신에 있다는 오래된 망상을 상기시킨다.

여기서 해방 전쟁 담론은 종말을 맞았다. 유럽은 엄청난 물질적·정신적 수단을 동원해 이 전쟁을 유지하고, 자신의 역사를 현재의 적에게 떠넘기면서 이 전쟁을 미화한다. 식민주의자가 반식민주의자가 되려고 한다. 그리고 이 전쟁을 반대하는 일부는 같은 개념을 이용해 자신들의 반대를 미화한다. 식민주의자들이 전쟁을 강요한다는 것이다. 이와 달리 반식민주의는 민족주의적 해방 운동의 지독한 고통과 고뇌, 그리고 모순을 안다. 민족주의적 해방 운동은 이미 오래전부터 자신의 지배관계 안에서 굳어버렸다. 그래서 민족주의적 해방 운동은 더이상 식민지 세계의 미완성된 해방 투쟁의 완성을 위해 일하지 않는다.

그는 원숭이를 따라 끝없는 미로를 통과했다. 마침내 그들이 나타났을 때, 그는 그들이 익숙한 장소에 있는 것을 보았다. 그 장소가 익숙했던 것은 그가 가장 사랑했던 유일한 나라의 거리에 그들이 있었기 때문이다. 그와 원숭이는 걷지 않고, 톨루쿠티

tholukuthi 나비처럼 사뿐히 날아다녔고, 민족의 아버지는 이름에 '다'가 두 번 나오는 자신이 사랑하는 지다다로 돌아온 것이 너무 기뻐서 자신이 죽었다는 사실도 잊은 채 옛 혁명가였던 국가를 목청 높여 힘차게 부르기 시작했다. 그리고 그는 자신의 때 이른 죽음을 사실로 받아들이지 못하던, 자신을 진심으로 사랑해주는 동물들을 보고 감동받았다. 그들은 눈물을 펑펑 쏟으면서 그가 누구였는지, 그리고 그가 무슨 의미였고 무엇을 지지했는지, 그리고 그가 그들과 지다다 전체를 위해, 심지어 아프리카 전체를 위해 무엇을 했는지 회상했다.

그러나 그와 그의 호위대가 군중 속으로 들어가자마자, 그는 무언가 크게 잘못되었다는 걸 깨달았다. 그는 처음으로 명료하게 이 모든 비탄, 통곡, 펑펑 쏟는 눈물, 고통 속에 있는 몸들, 그의 가난한 마음을 무너지게 했던 이 모든 것이 톨로쿠티 자신을 위한 것이 아님을 알아차렸기 때문이다. 그는 군중이 외국 기자들에게 하는 말을 들었다. 군중은 자기 자신들을 위해 울었다고 말

• 이 인용문은 짐바브웨 출신 작가 노바이올렛 불라와요(NoViolet Bulawayo)의 소설 《글로리(Glory)》의 일부다. 2022년 부커상 최종후보까지 올랐던 이 소설은 조지 오웰의 동물농장처럼 우화 형식으로 짐바브웨의 로버트 무가베(Robert Mugabe) 독재 시절을 비판하고 있다. 톨루쿠티는 짐바브웨에서 사용하는 단어이고, 이 소설에서는 감탄사처럼 문장 앞에 빈번하게 사용하는데, '발견하다', '알게 되다'라는 뜻이다.

한다. 그들은 그가 자신들에게 했던 일 때문에, 그리고 그가 자신들의 삶에 가져다 놓은 고통 때문에 비탄에 빠졌다고 선언했고, 그들은 그가 지다다에 폐허를 남겨 놓은 것에 항의했고, 그가 범죄의 대가를 치르지 않고 도망쳤다는 사실에 화를 냈으며, 집단학살, 제노사이드에 대한 정의를 마주하지 않은 채 죽은 것을 큰소리로 불평했다. 또한 그의 통치 기간 내내 있었던 실종, 죽음, 고문 그리고 불법 체포에 대해 말했고, 그의 부패와 권력 남용, 자신들이 제기하고 고발했던 그 밖의 다른 많은 일들을 드러냈으며, 그가 더는 거기에서 자신을 변호할 수 없으므로 그가 통치하고 통치하고 통치했을 때 그들이 결코 제기하지 못했던 일들의 혐의를 제기했다.

그는 자기 나라 자녀들의 추한 모습에 충격을 받았고, 배은망덕한 태도에 상처받았으며, 그들의 모욕에 화가 났다. 톨로쿠티 그의 심장은 다시 한번, 세 번째로 무너졌다. 배신, 분노, 상처, 찢어진 심장, 나라의 아버지, 해방자, 범아프리카주의자, 서양 비판자, 국제 제재의 적, 동성애의 적, 야당의 반대자, 전직 교사, 교육 및 경제 십자군, 그렇다, 그와 오직 그 자신일 뿐인 그는 이 비참한 나라에 전하기 위해 입을 열었지만, 그는 죽은 자기 말을 그들이 듣지 못한다는 것을 알았다. 그렇게 그는 속으로만 부글거렸고, 상처받았으며, 피를 흘렸다. 그는 거기 있는 것을 후회했다. 자신이 끔찍한 실수를 저질렀다는 것을 알았기 때문이다. …… 톨로쿠티 가장 사랑했던 유일한 나라에서, 나라의 아버지가 들은 마지막 이야기는 추악한 목소리가 외치는 말이었다. "악마가 죽었습니다! 그가 죽었습니다! 우리는 울고 있습니다. 이 죽음으로 우리는 마침내 한 시대와 오류의 종말을 말할 수 있기 때문입니다! 이제 우리는 다시 시작할 수 있습니다. 다시 숨쉴 수 있습니다. 다시 꿈꿀 수 있습니다. 악마는 죽었습니다. 영광, 영광, 영광, 그가 죽었습니다!"[16]

5장

자기보존

Selbsterhaltung

법, 권력, 전쟁으로 구성된 복합체는 한 가지 근본 문제로 돌아간다. 그 문제란 자기보존이다. 여기서부터 이 복합체의 숨겨진 전제조건들이 모습을 드러낸다.

다른 많은 개념들처럼 '자기보존' 개념도 고대에 뿌리를 두고 있다.[1] 그러나 이 개념의 독자적 특성은 근대에 생겨났다. 바로 토머스 홉스Thomas Hobbes가 자기보존을 정치적인 것의 초석으로, 그것도 전쟁과 평화의 관점에서 확립한 것이다. 홉스의 주장은 양날의 검 상황에 기초한다. 여기서 양날의 검이란 한편으로 인간은 태어날 때부터 자기보존을 추구하지만, 다른 한편으로는 자기보존을 파괴한다는 뜻이다. 그 이유는 자기보존이 자연적 사실로 머무는 한, 자기보존을 위한 노력은 타인의 자기보존 노력과 충돌하기 때문이다. 이런 충돌 때문에 만인의 만인에 대한 투쟁이 생겨난다. 전쟁과 같은 적대적 행동이 끊이지 않는다는 뜻이 아니라, 적대적 행동의 원천이 늘 존재한다는 의미다.[2] 왜 그럴까?

유물론자 홉스는 이 주장을 물리적 비유로 설명한다. 홉스에 따르면 어떤 공간에서 자신의 운동 방향을 유지하려는 물체는, 역시 같은 공간에서 자신의 운동 방향을 유지하려는 다른 물체와 충돌한다. 우연히 두 물체가 평행하게 움직이는 것이 아니라면 말이다. 이와 마찬가지로 자연 조건에 따라서만 움직이는 인간의 자기보존 추구도 우연히 일어나는 예외 사례를 제외하고는 서로 충돌한다.[3] 한 사람의 자기보존 노력이 다른 사람의 자기보존 노력과 조정되지 않으면, 두 가지는 충돌할 수밖에 없다. 여기에서 자연적인 자기보존 추구라는 개념이 나온다. 사람들은 타인의 자기보존을 희생해 자신의 자기보존을 실현한다. 이런 자기보존 추구 노력에서 전쟁이 생겨난다. 하지만 이 전쟁도 자기보존을 위협한다. 그래서 홉스는 이렇게 결론을 내린다. 자연 상태에서 인간은 자기보존을 추구하는 동시에 이를 파괴한다.

인간의 자기보존을 위해서는 단순히 살아가는 것과는 다른 상태가 도입되어야 한다. 이 상태가 바로 '자연 상태에서 벗어나는 것exeundum esse e statu naturali'이다. 자연 상태에서 벗어나는 상태란 자연 상태의 활동들을 잘 정돈하고 전쟁 유발 충돌을 막는 규칙들을 만들어서, 그 규칙으로 인간의 자기보존이 실현되는 상태를 말한다. 홉스는 이 상태를 시민적 상태status civilis라고 불렀다. 시민적 상태에서는 공권력이 만들고 실행하는 법률의 반사실적 타당성이 자연의 요소들을 규제하는데, 자연 상태의 폭력을 공권력에 넘겨주었기 때문이다. 즉, 시민적 상태란 국가가 폭력을 독점하는 법적 상태라는 뜻이다. 시민적 상태는 자연적 자기보존 추구를 충돌을 방지하는 규범 아래 강제로 놓는다. 이를 통해 자기보존과 자기파괴를 분리한다.

그렇게 전쟁이 법적 평화에 양보한다는 의미에서 이 상태는 '시민적 상태'가 된다. 물론 전쟁은 계속 일어난다. 그러나 국가가 폭력을 독점하므로, 전쟁은 시민 사이가 아니라 국가 사이에서만 일어난다. 홉스는 이렇게 말한다. '전쟁의 칼'은 최고 권력을 전달받은 자의 손에, 즉 국가 권력에 있어야 한다. 더는 개인에게 주어서는 안 된다.[4] 따라서 시민적 상태에서는 국가의 평화 구축과 이에 따른 전쟁의 상당한 감소가 핵심 주제가 된다. 이런 방식으로 자기보존 추구가 전쟁과 전쟁 극복의 기초가 되며, 법이 규정하는 시민적 상태는 평화의 영역이 된다.

바뤼흐 스피노자Baruch de Spinoza는 홉스의 이런 그림에 반대 의견을 제시했다. 스피노자도 '자기보존'을 사유의 중심에 두었다. 실제 스피노자는 홉스보다도 이 개념을 더 강조했는데, 그는 자기보존이 모든 존재자Seiende의 기본 원리가 된다고 보았다. 스피노자는 이렇게 표현했다. "모든 사물은 자기 안에 존재하는 한, 자기 존재 안에 머물려고 애쓴다."[5] 이 표현은 존재자에 관한 스피노자의 일반 이론에 근거한다. 이 이론에 따르면, 존재자는 무한한 관계 안에 있으므로, 개별 존재자는 자기 존재를 결코 소유하지 못한다. 오직 존재하는 것들의 전체 관계만이 상위 관계가 없으므로 자기 존재를 소유한다. 전체 관계 위에 상위 관계가 존재한다면, 전체 관계는 부분 관계에 불과할 것이다. 따라서 전체 관계는 자기 존재를 소유하고 있는 유일한 존재자다. 스피노자는 이 전체 관계를 신이라고 불렀다.[6]

스피노자 형이상학의 정확한 구조는 여기에서는 제쳐두자. 우리 논의에서 중요한 것은 개별 존재자의 규정, 혹은 스피노자의 표현에 따르면, 사물의 규정이다. 이 규정에는 다음 내용이 포함된다. 존재자는 첫째 자기 존재에 대한 권력을 소유하지 않고, 둘째 자기 존재를 확장하고 펼치려고 노력한다. 첫 번째 규정은 우리가 이미 살펴보았고, 두 번째 규정은 자기보존 추구라는 사실에서 나온다. 무언가를 추구한다는 것은 있는 그대로 머물지 않는 것이다. 추구는 지금 있는 그대로를 넘어서는 것이다. 여기에 자기보존이란 주제를 연결하면, 이미 존재하는 자아를 넘어선다는 것을 의미한다. 다르게 표현하면, 자아는 계속해서 발전하고 자신을 펼치려고 한다.

이렇게 스피노자의 자기보존 개념은 자기 존재에 대한 존재자의 제한된 권력, 자아를 펼칠 수 있는 존재자의 능력으로 정의된다. 존재자의 제한된 권력은 제한된 창조력을 뜻한다. 이 개념에는 협력하려는 경향이 확실히 포함되어 있다. 더 많은 개체가 협력할수록 자기 존재에 대한 각 개체의 권력은 덜 제한받기 때문이다. 그리고 이런 방법으로만 개인은 점점 더 자신을 펼치고 발전할 수 있다. 개인이 혼자 일한다면, 즉시 자기보다 더 강한 존재들을 만나 한계에 부딪힐 것이다. 따라서 자기보존을 추구하는 제한된 권력은 오직 협력을 통해서만 확장되고 발전한다.

스피노자의 자기보존 개념은 정치적인 것에 어떤 결과를 가져올까? 우선 홉스와 비교할 때 한 가지 차이는 분명하다. 앞에서 보았듯이, 홉스는 충돌하는 자기보존 노력들을 규제하기 위해 중앙 권력을 설정했다. 홉스는 개인의 자기보존 노력 너머를 살피지 않았으므로 주권자의 압도적 권력을 통한 조정을 강요했다. 따라서 홉스의 정치철학은 권위주의적 국가 주권 모델로 귀결된다. 권위주의 국가가 압도적 힘으로 평화를 보장한다는 것이다(20세기와 21세기에 카를 슈미트와 그의 지지자들이 이 철학과 연결되었다[7]). 이와 반대로 스피노자는 '대중의 권력potentia multitudinis'[8]을 중심에 두었다. 대중의 권력이 개인을 통합해 평화를 가능하게 한다는 것이다. 그리고 이를 통해 개인의 권력 또한 더 잘 펼칠 수 있다. 더 많은 개인들이 협력할수록, 자기 존재에 대한 개인의 통제력도 더 커지기 때문이다. 여기서는 중앙 권력의 통치는 2선으로 물러난다. 사람 사이에, 그리고 사람들 속에서 일어나는 창조적 중재 과정이 앞으로 나선다(20세기와 21세기에 안토니오 네그리와 그의 추종자들이 이 이론과 연결되었다[9]).

이 모든 논의는 전쟁과 평화를 다시 한번 다르게 구성해야 한다는 것을 의미한다. 법과 권력으로 다시 돌아가보자. 이제 법의 관점에서 전쟁을 이해한다는 말은 자기보존을 위한 규범과 규율의 관점에서 전쟁을 이해한다는 뜻이 된다. 그 규범과 규율은 홉스의 권위주의일 수도 있고, 스피노자의 협력일 수도 있다. 이 두 가지 이해가 만드는 십자선 안에 전쟁과 평화 회복이 존재한다. 이제 권력의 관점에서 전쟁을 이해하는 것은 자기보존이라는 필연적 충돌의 틀 안에서 전쟁을 이해한다는 뜻이 된다. 이 틀이 홉스의 생각대로 파괴적일 수도 있고, 스피노자의 생각대로 창조적일 수도 있다. 마찬가지로 이 두 가지 이해가 만드는 십자선 안에 전쟁 및 평화 회복이 존재한다. 우리는 홉스와 스피노자 사이에서 하나를 선택할 필요는 없다. 오히려 이 두 사람의 견해를 자기보존 개념으로 전쟁을 규정할 수 있는, 서로 반대되는 기본 가능성으로 이해해야 한다.

이 두 사람의 자기보존 이해가 만드는 네 가지 기준 모두, 즉 권위주의적 규범성, 협력적 규범성, 파괴적 권력, 창조적 권력이 각각 전쟁을 규정할 수 있다. 그러나 어떤 기준도 전쟁을 극복하지는 못한다. 전쟁에 각각 다른 강조점을 제공할 뿐이다. 이 상황은 어떤 근본적인 지점으로 이어진다. 우리가 전쟁을 어떻게 이해하든, 모든 이해 방식 안에는 다양하게 해석된 자기보존의 원리가 하나씩은 자리 잡고 있다는 것이다. 그러므로 자기보존의 원리가 전쟁의 원리를 만들고, 자기보존의 다양한 형태가 전쟁의 다양한 형태도 규정한다. 즉, 자기보존의 모든 형태가 전쟁을 하나의 선택지로 품고 있다.

이것은 초기 근대 정치사상의 문제였고, 홉스의 유물론 및 스피노자의 존재론이라는 기초는 오래전에 붕괴되었다고 주장할 수도 있을 것이다. 그러나 이런 주장은 지나치게 짧은 이해다. 자기보존 문제는 다른 기초들을 바탕으로 재구성될 수 있기 때문이다. 자기보존이란 기초는 단순히 하나의 기초가 아니다. 이것은 우리 주체성의 헌법과 같은 것으로 근대 사상의 기본 구조라고 할 수 있다.[10] 그렇다면 주체가 된다는 것은 무슨 뜻일까? 기본적으로 그것은 자신의 생각, 행동, 감정, 고통의 다양한 단계를 자기 자신의 몫으로 돌릴 수 있다는 뜻이다. 다르게 말하면, 주체 되기는 변화하는 내용과 시간 속에 있는 정체성을 의미한다. 정체성 개념 안에 동일성이란 의미가 들어 있다고 해서 완고한 불변성이 정체성에 반드시 포함되는 것은 아니다. 말하자면 정체성은 문화학에서 사용하는 마법의 방어 개념인 '본질주의'가 아니다. 오히려 정체성은 생각하고, 행동하고, 느끼면서 자신을 바꿀 수 있다. 그러나 여기서 한 가지는 포기할 수 없다. 주체는 스스로 변화하지만 주체 되기는 이런 다양한 변화속에서 자신을 스스로 유지한다는 것이다. 그래서 주체 되기와 자기보존은 함께 간다.

그런데 왜 자기보존을 위한 노력이 주체 되기와 함께 갈까? 그것은 단순한 사실의 문제일 수도 있다. 주체는 스스로 자신을 보존하기 때문이다. 그러나 자기보존 추구를 주체에 맡길 수 있으려면 홉스와 스피노자 논의에서 나왔던 두 가지 특성이 주체에 존재해야 한다. 첫째, 주체의 존재는 자기 손에 달려 있지 않고, 둘째, 자아를 펼치고 발전시킬 능력이 주체 안에 준비되어 있어야 한다. 얼핏 보면 주체에는 이 두 가지 특성이 없는 것처럼 보인다.

그러나 그것은 단지 그렇게 보일 뿐이다. 실제로는 이 두 가지가 주체성을 규정한다.

첫째, 주체성은 많은 것을 마음대로 처리할 수 있지만, 자신의 실존은 그렇게 하지 못한다. 실존은 다른 어떤 것으로부터 주체성에 전달된다. (이 다른 것이 어떻게 결정될 수 있는지는 우리 논의에서 아무런 차이가 없다.) 심시어 한 주체가 사살을 하더라도, 언젠가 그 주체에 전달되었던 무언가를 끝낼 뿐이다. 이를 이렇게 표현할 수도 있다. 주체의 사실성은 주체에 주어진다. 주체가 할 수 있는 모든 것은 자신에게 주어진 것을 다시 자신에게서 뺏는 일이다. 그러나 주체가 자신에게 직접 사실성을 줄 수는 없다. 이런 의미에서 주체성은 자신의 존재를 소유하지 못한다.

둘째, 주체성은 필연적으로 자기 전개와 발전을 추구하고 이를 위해 노력한다. 주체성이 변화하는 내용과 시간 속에서 자기 정체성을 유지하는 한, 주체성은 생각하고, 행동하고, 느끼고, 고통받으면서 언제나 새로운 규정들을 소유하게 된다. 그 과정에서 주체성은 펼쳐지고 발전한다. 분명 주체성은 위축될 수도 있다. 그러나 주체성의 전개가 실현되지 않은 것도 주체성을 펼치려는 성향의 일부다.

이에 따라서 주체 되기는 자기보존 노력과 함께 간다. 그런데 우리는 근대 철학이 자기보존 노력을 전쟁과 연결시킨 것을 보았다. 우리는 이 연결에 대해 이제 홉스와 스피노자보다도 더 정확하게 표현할 수 있다. 이 연결을 논증하기 위해 존재자에 대한 일반 교리도, 물리적 비유도 우리에게 필요하지 않다. 주체 안에 장착된 자기보존을 숙고해보는 것만으로 충분하다. 근대 사상의 기본 구조인 주체성의 고유한 특성으로부터 전쟁은 이제 이해될 수 있다.

이를 위해 우선 자기보존을 위한 주체의 노력은 세계 지배도 포함한다는 것을 이해해야 한다.[11] 자신을 보존하기 위해서 세계의 존재들과 사건들을 장악해야 한다. 이런 장악은 주체가 사고, 행동, 감정, 고통을 어떤 틀 안에 맞추고 정렬하면서 일어난다. 이렇게 주체성은 세계를 도식화한다. 도식화를 통해 주체성은 세상의 존재들과 사건들을 계산하고, 다루고, 이해하고, 작업할 수 있다. 이런 도식론에서 주체성은 스스로 자신을 보존하기 위해 세계를 손아귀에 쥔다. 요약하면 주체성은 세계를 지배한다. 그러나 동시에 반작용도 일어난다. 주체성이 자기보존을 위해 세계를 도식화하면서 자기 자신과 자신의 경험을 이 도식에 묶어두기 때문이다. 주체성은 도식이 제공하는 계산 방식, 상호작용의 형태, 통합 과정, 작업 방법을 따라야 한다. 그렇지 않으면 자기보존이 위협받는다. 도식에 묶이면서 주체는 가능한 경험의 전체 영역을 차단해버린다. 따라서 자기보존을 추구하는 주체성의 세계 지배는 자해로 바뀌어버린다.

바로 이것이 전쟁으로 가는 경향을 의미한다. 이미 홉스와 스피노자도 알았듯이, 전쟁은 구성원들의 자기보존을 위해 존재하는 국가, 사회, 그리고 집단 들에 의해서 일어난다. 또한 자기보존 추구가 요구하는 대로 세계를 도식화한다. 자기보존의 관점에 따라 세계를 나누면서 친구와 적의 구분이 생겨난다. 전쟁은 생명을 통제하고, 자신의 물적·인적 전투에서 생명을 계획적으로 관리하며, 권력 형세를 계산하고, 법적 형태를 갖춘 폭력을 쏟아붓는다. 요약하면 전쟁은 자기 목적과 자기 수단을 이용해 세계를 도구적으로 관리하는 방법의 하나다. 분명히 전쟁에는 지배할 수 없는 무언가가 있다. 그러나 이 지배할 수 없는 것은 주체의 지배 과정 안에 내장되어 있다. 결과적으로 이 지배할 수 없는 것이 타자의 경험, 통합되지 않고 처리되지 않은 경험, 특히 고통의 경험을 죽인다. 그리고 전쟁에서 자기보존은 거침없이 자해로 변환된다. 자기를 보존하려는 주체성이 자신의 군사적 행동과 인도주의적 개입으로 세계를 장악하는 한, 주체성은 인간들을 말살하면서 스스로를 파괴한다.

이것은 전쟁이 자기보존 추구와 그것의 변증법이 만드는 첨예한 형태를 보여준다는 것을 의미한다. 우리가 사는 후기 근대에 나온 상호주체성이나 탈주체성 개념은 이 상황에서 빠져나올 수 있는 출구를 제공하지 못한다. 오히려 이 두 개념은 의도 전쟁은 구성원들의 자기보존을 위해 존재하는 국가, 사회, 그리고 집단 들에 의해서 일어난다. 또한 자기보존 추구가 요구하는 대로 세계를 도식화한다. 자기보존의 관점에 따라 세계를 나누면서 친구와 적의 구분이 생겨난다. 전쟁은 생명을 통제하고, 자신의 물적·인적 전투에서 생명을 계획적으로 관리하며, 권력 형세를 계산하고, 법적 형태를 갖춘 폭력을 쏟아붓는다. 요약하면 전쟁은 자기 목적과 자기 수단을 이용해 세계를 도구적으로 관리하는 방법의 하나다.

치 않게 자기보존에 침투당했다. 상호주체성은 포용성, 의사소통 자유의 동등한 분배, 상호 믿음과 성실, 비강제성에 기초한다.[12] 그런데 이런 가치들은 누구에게 귀속되는가? 바로 주체들이다. 그러므로 주체를 극복하자는 이런 수사학은 아무것도 바꾸지 못한다. 자신에 대한 원초적 친밀함이 상호주체적 의사소통의 기초가 되어야 하기 때문이다.[13] 그렇다면 탈주체성은 어떨까? 가장 논리적으로 표현하면, 탈주체성은 모든 담론과 권력 사건들의 한가운데에서 결국 자기 자신에 대한 관심에 도달한다.[14] 그러므로 토끼와 고슴도치 우화처럼, 상호주체성과 탈주체성 토끼는 언제나 옛 고슴도치 '주체'를 만나게 된다.

주체는 '자기보존'의 원리에 근거한다. 이 원칙에서 전쟁이라는 폭력이 나온다. 프로이트는 제1차 세계대전을 경험한 후 생명의 보존과 통합 원칙 옆에 파괴와 죽음의 원칙을 나란히 세웠다. 프로이트가 보기에 인간 학살과 물질적 소모전은 쾌락의 원칙을 넘어 죽음 충동을 통해서만 설명할 수 있을 것 같았다. 프로이트는 죽음 충동이 생명 충동 옆에 나란히 서 있다고 했다. 그러나 자기보존의 추구에서 생명 충동과 죽음 충동은 결합한다. 인간은 타인의 생명을 파괴하면서 자기 생명을 방어하기 때문이다.[15] 프로이트의 정신 모델과 관계없이 이 사실은 근대적 사고의 기본 구조에 근거한다. 이 사실은 세계를 관리하는 주체성에서 나온다. 세계에 대한 주체의 지배는 인간에 대한 인간의 지배도 포함하므로, 주체성은 세계 정복을 전쟁에 끌어들인다. 따라서 법이나 권력이 조종하는 전쟁의 경향성을 극복하고 싶다면 주체성과 자기보존의 결합을 풀어야 할 것이다.[16]

Abseits des KRIEGES

6장

영웅

Helden

전쟁이 네 번째 봄을 맞았는데도
평화의 전망이 보이지 않자
병사는 결단을 내리고
영웅적으로 죽었다.[1]

우크라이나 전쟁이 일어난 직후에 동유럽 역사학자 카를 슐뢰겔Karl Schlögel과 정치학자 헤어프리트 뮌클러Herfried Münkler는 일간지 《프랑크푸르터 알게마이네 차이퉁Frankfurter Allgemeine Zeitung》에서 영웅주의에 대한 논쟁을 펼쳤다.[2] 슐뢰겔은 이 전쟁이 탈영웅 시대라는 진단을 반증하는 사례라고 보았고, 뮌클러는 탈영웅주의에 대한 오해를 짚었다. 즉, 뮌클러는 탈영웅 시대가 영웅이 없는 시대를 의미하지는 않는다고 말했다. 두 사람 모두 자유를 위한 영웅적 전쟁에 반대하지는 않았다.

이 문제를 자세히 살펴보자. 이 문제의 주제는 영웅주의다. 우선 영웅들은 '자기보존'의 원리를 극복한 사람들처럼 보인다. 그들은 자기 능력을 증명하는 시험에서 죽음에까지 자신을 던진다. 이런 투신은 특별히 전쟁에서 주로 일어난다. 유럽 전통의 시발점인 서사시 《일리아드Iliad》는 트로이 전투 상황에서 드러나는 영웅적 행동을 묘사한다. 그러나 《일리아드》는 전쟁 자체를 영웅화하지는 않는다. 비록 영웅들이 전쟁을 이끌어 가지만, 전쟁은 여전히 골칫거리다. 제우스는 전쟁의 신 아레스에게 이렇게 말한다. "너는 신들 중에 나에게 가장 미움을 받는다."[3] 따라서 이 서사시는 인간의 가장 극단적 모습을 보여주기 위해 전쟁을 이용한 것이며, 영웅에 대한 고대의 이미지는 비판적이었다.[4] 그러나 유럽 문학이 영웅을 전쟁 맥락에서 소개했다는 것은 여전히 사실로 남는다. 실제로도 영웅들은 전쟁을 선호하는 경향이 있다. 영웅들의 헌신은 전쟁에서 특별히 인상적이다.

그러므로 영웅주의 관점에서 전쟁을 이해하는 것은 낯선 일이 아니다. 예를 들어 사람들은 어떤 전쟁에서는 영웅이 활약하고 다른 전쟁에는 영웅이 없다고 구분할 수 있다. 영웅적인 것을 좋아하는 사람이라도 전쟁을 추구하는 사람들을 모두 영웅으로 생각하지는 않는다. 영웅은 전쟁이 필요하지만, 전쟁에서 영웅이 반드시 필요하지는 않기 때문이다. 이런 기초 위에서 다음과 같이 구분할 수 있다. 영웅적인 전쟁과 영웅이 없는 전쟁이 있고, 한 전쟁에서도 영웅적인 전쟁 당사자와 영웅이 아닌 전쟁 당사자가 존재한다.

전쟁 당사자를 영웅과 비영웅으로 구분하는 고전적 방식으로 영웅과 상인(장사치)의 구분이 있다. 1915년 베르너 좀바르트 Werner Sombart는 같은 제목(《영웅과 상인》)의 유명한 작품을 발표했다.[5] 이 책은 전쟁에서 중요한 것이 권력의 이해관계도, 법의 집행도 아니라고 주장했다. 그보다는 신념을 비롯한 세계관이 중요하다. 1914년 전쟁(제1차 세계대전)에서는 영웅과 상인의 신념이 서로 충돌했다. 좀바르트는 영국이 상인(경제적 이해관계)을 대표하고, 독일이 영웅(자기헌신)을 구현했다고 보았다. 물론 좀바르트가 독일에서 아무도 상인 직무를 수행하지 않았다고 주장하는 것은 아니다. 좀바르트가 중요하게 여긴 것은 각 나라가 삶에서 지향했던 전체적인 세계관이었다. 두 나라를 살펴볼 때 분명히 한 나라는 상인의 가치관으로, 다른 나라는 영웅의 가치관으로 전장에 나왔다. 좀바르트는 이런 대립을 전사와 소매상이 서로 마주 서 있다고 표현하기도 했다. 우리는 이렇게 결론지을 수 있다. 영웅과 전사는 동격이다. 그리고 소매상들끼리 벌이는 전쟁도 있고, 전사들끼리 맞붙는 전쟁도 분명히 있다.

예전에는 전쟁 당사자에 대해 이와 같이 말했다. 오늘날에도 종종 이렇게 말하거나 잠재의식 속에 이런 생각을 가진 경우도 있다. 어쨌든 경제적 이해관계에 따른 전쟁이 영웅적 자기헌신에서 나오는 전쟁보다 대체로 더 악하게 보인다. 그런데 오늘날 '영웅적'이라는 것은 실제로 무엇을 뜻할까? 이 질문에 대해 특별히 두 가지 대답이 주로 제시된다. 영웅적 현실주의와 영웅적 이상주의가 그것이다.

영웅적 현실주의는 사실에 초점을 맞춘다고 주장한다. 이런점에서 영웅적 현실주의는 현실 정치와 비슷하다. 하지만 현실정치의 계산을 뛰어넘어 비용 편익 분석 너머에 있는 자기 헌신으로 나아간다. 영웅과 상인에 관한 좀바르트의 생각과 마찬가지로 영웅적 현실주의도 제1차 세계대전이 만든 작품이다. 이이념 작업의 목표는 물자와 인력을 총동원하는 총력전 전쟁 및군사 통치를 주체적 감정과 밀접하게 결합시키는 것이었다. 이런 작업을 통해 전쟁이라는 외부 세계는 개인의 내면세계가 되고, 동시에 개인의 내면세계는 전쟁에 맞게 재형성되었다. 이런사고의 고전적 대표자가 에른스트 윙거Ernst Jünger였다. 윙거는전투를 내면의 경험으로 올려세우고, 총동원을 사회 조직으로받아들였다. 그는 사실과 상황 인식에서 나오는 자유를 구상했다.[6] 이 구상의 핵심은 '운명의 물질에 머물지 않고, 운명도 지고 가는 전달자 되기'**7**다.

독일 파시즘의 지식인이자 간부였던 베르너 베스트Werner Best가 전쟁과 내면세계를 연결한 복합체를 만들기 위해 '영웅적 현실주의' 개념을 제시했고, 윙거가 이를 받아들였다.**8** 이 개념은 다양한 형태로 만들어졌다. 그러나 영웅적 현실주의는 이런 다양한 형태를 넘어서 한 가지 정치적 기본 태도를 가리킨다. 바로 사실성과 영웅주의의 결합이다. 한편으로 현실주의가 중요하다. 즉, 현실에 대한 환상 없는 관점이 중요하다. 여기에 가치와 규범이 들어오면 안 된다. 가치와 규범은 상황에 대한 명료한 시야를 가릴 뿐이다. 가치와 규범은 환상이다. 우리의 상황 인식 모델은 전쟁이다. 즉, 우리는 전쟁에서 적을 규정하고 맞서면서 상황을 인식한다. 그러므로 '상황 파악'은 적들 앞에서 물러서지 않고, 그 상황에서 시급하게 해야 하는 일을 인식하는 것을 뜻한다. 가치와 규범은 이 상황에서 방해만 될 뿐이다.

적을 눈앞에 두고 지금 시급히 할 일을 인식하는 일은 확실히 이론적인 작업은 아니다. 이 작업에는 행동이 이미 내재되어 있다. 적을 식별하는 상황 인식은 전투를 의미하므로, 결국 전쟁 모델만 남는다. 한편 우리는 출구가 보이지 않는 상황에서도 전투를 수행하는데, 이것은 동시에 영웅주의의 주제이기도 하다. 현실 정치의 현실주의와 달리 영웅적 현실주의는 언제나 몰락이 가능하다는 것을 계산에 넣는다. 영웅적 현실주의가 몰락을 추구하지는 않지만, 적을 대면한 상황이 몰락을 요구할 때 그 앞에서 망설이지 않는다. 그렇기에 영웅주의적 현실주의는 '보수주의 혁명'[9] 프로그램과 빈번히 연결되고, '자기보존'의 원칙을 극복할 수 있는 것처럼 보인다. 영웅적 현실주의는 몰락에 직면한 상황에서도 필요하다면 자기 헌신을 요구하므로 영웅적이라고 할 수 있다. 이것이 '운명의 물질'이 '운명을 지고 책임지는 사람'으로 바뀌는 유일한 방법이다.

영웅적 현실주의 개념은 매혹적이다. 특히 압도적 권력과 맞서고 있다고 믿을 때 더욱 그렇다. 이 개념이 매력적인 이유는 자신의 저항력을 상승시키고, 심지어 영웅의 수준까지 상승시키기 때문이다. 자신의 몰락조차도 의미를 얻는다. 더욱이 이 개념은 단순하지 않으면서도 명료하고 완결적이다. 그러나 이 개념의 완결성은 순환적이다. 그 완결성은 전쟁 모델에서 출발해 전쟁 모델에서 끝이 난다. 전쟁이 알파이자 오메가이며, 시작이자 끝이다. 다른 지평은 전혀 보이지 않는다. 그렇게 개념의 완결성은 동시에 단점이 된다. 이 완결성은 이미 전쟁에서 승리한 자들만이 얻을 수 있을 것이다.

영웅적 현실주의의 반대편에 있는 영웅적 이상주의는 완전히 다르다. 영웅적 이상주의는 특별한 주장이나 이론으로 정리되지는 않았다. 그러나 실제로는 영웅주의가 이상, 가치, 규범과 연결되는 곳 어디에서나 영웅적 이상주의는 발견된다. 말하자면 영웅적 이상주의의 주제는 자신의 이상을 위해 목숨을 바치는 것이다. 여기서는 적을 규정하고 상황을 인식하는 전쟁이 상황을 주도하지 않는다. 이상, 가치, 규범이 상황을 이끈다. 이상, 가치, 규범은 전쟁 밖에서도 효력을 낼 수 있다. 이것들이 영웅적 자기 헌신을 동반할 때, 영웅적 이상주의가 되는 것이다. 영웅적 이상주의는 전쟁에서도 자신의 이상, 가치, 규범을 위해, 예를 들어 자결권, 시민사회, 인권을 위해 헌신할 수 있다. 그러므로 영웅적 이상주의는 영웅적 현실주의와 비교할 때 덜 명료하고 덜 순환적이다. 영웅적 이상주의는 전쟁 대신 특정한 이상을 전제하고, 그 이상을 위해 전투에 나서기도 하며, 이 전투는 전쟁이 될 수도 있다. 그래서 영웅적 이상주의는 이상이 위기에 처했을 때 특별히 전쟁할 생각이 없던 사람도 전쟁의 지지자로 확보할 수 있다.

숭고한 이상을 위해 전쟁을 지지하는 태도는 흔히 볼 수 있다. 이런 태도는 선한 일을 위해 전쟁이 벌어지고 있다는 열광을 만들어낸다. 이 장 앞머리에 나오는 영웅주의와 탈영웅주의 논쟁도 이 태도에서 나온다. 슐뢰겔에게 우크라이나 전쟁은 영웅적인데, 이 전쟁은 자유라는 이상을 지키기 때문이다. 이런 숭고한 이상을 위해 전쟁을 지지하는 태도는 흔히 볼 수 있다. 이런 태도는 선한 일을 위해 전쟁이 벌어지고 있다는 열광을 만들어낸다.

슐뢰겔에게 우크라이나 전쟁은 영웅적인데, 이 전쟁은 자유라는 이상을 지키기 때문이다. 이런 영웅의 모습은 러시아 침략자들에 맞서는 전사들의 자기 헌신에서 나온다.

영웅의 모습은 러시아 침략자들에 맞서는 전사들의 자기 헌신에서 나온다. 뮌클러도 여기에 반대하지는 않는다. 그도 영웅적인 헌신의 가능성을 인정한다. 단지 뮌클러는 탈영웅 사회를 포기하는 일을 망설일 뿐이다. 그러나 영웅적인 헌신이 탈영웅 사회와 모순되지 않을 수도 있다. 문제들을 다시 한번 살펴보자.

수십 년 전부터 '탈영웅'이란 단어가 사용되고 있는데, 뮌클러는 이 단어의 열렬한 옹호자다.[10] 이미 단어의 조합이 보여주듯이, '탈영웅postheroisch'은 시대 진단에 기여한다고 알려진 일련의 단어들에 속한다. '탈전통posttraditionell', '탈산업postindustriell', '탈근대postmordern', '탈인간posthuman', '탈민주주의postdemokratisch', '탈세속postsäkular' 등이 그 단어들이다. 리처드 로티Richard Rorty는 이런 종류의 단어 조합에 농담을 섞어 '탈들Posties'이라고 말한 적이 있다.[11] 이 개념들은 당혹스러움을 표현하는 단어들이다. 이런 단어들은 시대, 사상, 삶의 양식을 직접 규정하지 않고, 이전에 있었던 시대와 경계를 설정하면서 간접적으로 정의한다.

'탈영웅' 또한 당혹스러움을 표현하는 단어다. 이 단어는 영웅주의로 규정되던 사회가 존재했었고, 이제 그런 시대는 지나갔다는 것을 암시한다. 뮌클러는 그 기간을 프랑스 혁명부터 제1차 세계대전이 끝날 때까지로 대단히 짧게 규정한다. 뮌클러의 주장을 정리하면 다음과 같다. 프랑스 혁명 이전의 영웅주의는 단지 귀족정의 관심사였다. 그러나 프랑스 혁명 및 혁명에 따른 전쟁과 함께 영웅주의는 전체 대중의 일이 되었고, 제1차세계대전이 끝난 후 대중은 전쟁의 환상에서 벗어났다. (그러나 15년이 지난 후 제2차 세계대전이 일어났다.) 영웅주의 사회는 개개인들에게 어떤 보편적 영웅의 이상을 각인시켰지만, 지금은 영웅적 행동의 선택이 개인에게 달렸다. 그래서 우리는 탈영웅 시대에 살고 있다는 것이 뮌클러의 주장이다.

그런데 유럽 영웅주의의 원형인 고대 그리스는 영웅주의 시대와 무슨 관계가 있을까? 중세의 군인은 또 어떤가? 그들은 영웅적 사회를 만들지 않았고, 영웅적 공동체를 만들었다. 여기서 페르디난트 퇴니스Ferdinand Tönnies의 사회학 고전《공동사회와 이익사회Gemeinschaft und Gesellschaft》**12**에 나오는 개념이 등장한다.• 이 책의 핵심 내용은 다음과 같다. 의지에는 '본질 의지'와 '선택 의지'가 있다. 각 의지에 따라 인간 공동 생활의 두 가지 기본 형태가 나온다. 본질 의지에 따른 공동 생활은 도덕, 전통, 의미의 이해와 같은 존재에서 나온다. 선택의지에 따른 공

• Gemeinschaft는 최근에 공동 사회로 번역되지만, 이 책에서는 맥락에 따라 공동체로도 번역했다. Gesellschaft도 맥락에 따라 이익 사회, 혹은 사회로 번역했다.

동 생활은 규약, 계약, 협정과 같은 선택에서 나온다. 뮌클러는 이 개념과 표현을 받아들이지는 않았다. 그러나 실제로는 뮌클러도 다른 많은 사람들처럼 공동 사회와 이익 사회라는 이 직관적 구분을 따르고 있다. 그리고 뮌클러는 영웅주의와 관련해서 영웅은 이익 사회보다 공동 사회에서 지위가 더 좋았다고 확언한다. 영웅주의는 고대부터 중세 후기까지 이어졌다. 그러나 영웅주의는 제1차 세계대전의 총체적 경험 이후 이익 사회에서 그 지위를 잃었다. 그 결과 이익 사회는 탈영웅적 사회가 되었다. 이익 사회 및 이익 사회 구성원들은 자신들이 영웅주의 이후 시대에 있음을 안다. 그러면서도 그들은 영웅을 '원한다'.

그렇다면 이익 사회에서 바라는 영웅의 이상은 무엇일까? 그것은 어떤 일을 위한 자기희생과 다르지 않다. 실제로 자기희생은 탈영웅 사회와 충돌하지 않기 때문에 탈영웅 사회 안에서도 군대, 활동가, 테러 집단과 같은 오래되고 새로운 영웅 공동체가 형성될 수 있다. 그렇기에 인명구조사, 간호사, 사회복지사 같은 개인의 자기희생도 가치를 얻을 수 있다. 어떤 이들은 이들을 두고 '탈영웅 시대의 영웅'[13]이라고 말한다. 그러나 우리는 두 사례 모두 '선택의지'에 기초한 이익 사회 안에서의 선택인 것을 확실히 해야 한다. 공동체의 도덕, 전통, 의미 이해의 전승이 아닌 것이다. 탈영웅 시대의 개인 영웅들만 이런 특성을

갖는 게 아니다. 탈영웅 사회에서 영웅적 공동체에 가입하는 일
도 하나의 선택에 근거한다. 영웅적 공동체에 가입하는 일은 개
인의 동기나 특성, 외부에서 받은 영향에 따라 달라질 수 있고,
여러 대안 중 하나의 대안을 정하는 일이다. 그러므로 이 가입
은 '선택'에 근거하고, 그런 점에서 '본질적' 공동체에 참여하는
것과 구별된다.

　이런 방식으로 영웅주의 이후 사회에서도 새로운 영웅주의
가 자리잡을 수 있다. 그러므로 우크라이나 대통령의 연출, 대
중들이 보내는 존경과 환호, 지식인들의 찬사와 같은 장면에
서 볼 수 있는 우크라이나의 새로운 영웅주의는, '탈영웅'이라
는 시대 진단에 반론을 제기하지 않는다. 이것이 슐뢰겔과 뮌클
러 사이에 있었던 원래 논쟁이었다. 이제는 이렇게 말할 수 있
다. 여기서는 보편적 영웅의 이상이 통용되지 않는다. 그보다는
자기를 희생하려는 개인, 혹은 전쟁에 직접 참여하려는 공동체
의 선택이 일어난다. 이런 선택은 영웅적 현실주의와 영웅적 이
상주의에서 모두 나올 수 있다. 탈영웅 사회에 존재하는 영웅의
특성은 두 가지 영웅주의에 모두 들어 있기 때문이다. 그 특성
은 바로 결단이다.

　그러므로 영웅적 이상주의와 영웅적 현실주의 모두 탈영웅
세계와 연결될 수 있다. 이 사실이 전쟁의 특성과 관련해 어떤

의미가 있을까? 다시 말해 영웅적 전쟁은 '자기보존' 원리를 극복했을까? 그 희생이 상황 인식과 적의 규정에서 나왔든, 아니면 가치, 규범, 이상에서 나왔든 상관없이, 전쟁은 자기희생을 바탕으로 하는 것이 사실이다.

그렇지만 영웅주의는 자기보존 추구를 극복하지 못한다. 오히려 그 반대다. 자기보존은 '지금 있는 그것Dass'이 아닌 '앞으로 펼쳐질 무엇Was'을 목표로 한다. 자기 존재는 세계에 던져진 존재라는 사실성을 넘어 자신을 세계 속에 던지고 가능성을 선택하는 세계기획Weltentwurf(기투) 안에서 자신의 정체성을 생각한다. 늘 그렇듯이 자기 존재와 정체성은 잠정적이고 깨질 수도 있다.[14] 따라서 보존하려고 애쓰는 자기란 세계기획 속의 정체성, 즉 지금 있는 그것이 아닌 앞으로 펼쳐질 무엇이다. 따라서 '자기보존'의 원리는 지속적인 자기이해, 타자성과의 단절, 혹은 올바름을 인정받고 싶은 욕망 등 매우 다양한 것들을 포괄한다. 자기보존 안에 담긴 다양한 내용은 계몽의 변증법 관련 연구들에서 다루어졌다. 그 연구들에서는 주로 자기보존의 냉철하고 계산적 측면이 주제였다. 그러나 영웅의 모습 또한 자기보존의 내용에 포함될 수 있다. 한 인간 안에서 '앞으로 펼쳐질 무엇'은 '지금 있는 그것'과 충돌할 수 있다. 어쩌면 한 인간은 단순한 생존을 위해 앞으로 펼쳐질 무엇과 관련된 정체성을 포기하고 잃어버릴 수도 있을 것이다. 그럴 때 그는 그럭저럭 살 수는 있겠지만, 스스로 자신을 보존하지는 못할 것이다.

영웅은 몰락의 대가를 치르더라도 자기이해를 유지하려고 애쓰는 존재다. 포기하지 않고 스스로를 희생할 때 영웅은 정당성을 인정받는다. 이와 반대로 자기 존재가 확립한 자기이해와 자기 자신이 다를 수 있다는 점을 인정한다면, 영웅은 자기희생의 강박에서 벗어날 것이다. 이 모든 일은 전쟁의 영웅주의에서도 일어난다. 전쟁의 영웅주의는 전쟁 참가자의 정당성 주장, 즉 자기 신념의 고수에서 나온다. 전쟁의 영웅들은 자신과 다른 타자를 자신의 이상, 규범, 가치에 반대되는 것으로 보고, 폭력으로 해체해야 한다고 생각한다. 영웅은 타자들을 말살해야 할 적이라고 규정한다. 이렇게 영웅주의적 전쟁과 탈영웅주의적 전쟁은 같은 '자기보존'의 원리에 근거한다. 탈영웅주의 전쟁은 화려한 등장으로 자기보존의 원리에 다른 색을 입힐 것이다. 그러나 그 핵심은 적나라하게 드러나 있다.

Abseits des KRIEGES

7장

제도

Institutionen

전쟁은 일상을 흔들어놓는다. 전쟁의 폭력은 평범한 삶을 파괴한다. 이런 파괴가 전혀 나쁘지 않을 수도 있다. 일상의 단조로움과 반복은 계속해서 우리를 속박하고, 의미에 관한 질문을 억누른다. 우리는 의미를 되묻지 않고 그냥 계속 살아간다. 이와 반대로 전쟁은 단조로움과 반복에서 갑자기 벗어나게 해준다. 마치 화산처럼 폭발하고, 탈옥한 죄수처럼 탈출하며, 지금껏 익숙했던 삶이 더 이상 맞지 않는 듯 일탈한다.

영웅적 사실주의와 영웅적 이상주의 모두 일상에 대한 이런 이해와 연결된다. 전투를 내면의 경험으로 찬양하는 사람들은 전쟁 참여를 틀에 박힌 일상을 넘어서는 강렬함으로 이해한다. 전쟁이 일상의 공허를 새로운 의미로 채운다는 것이다. 영웅적 이상주의로 전쟁을 보는 사람들, 즉 전쟁을 이상, 가치, 규범을 위한 영웅주의로 치켜올리는 사람들도 비슷한 생각을 한다. 그들도 전쟁을 익숙한 것을 넘어서는 경험으로 본다. 그래서 전쟁이 느릿느릿 흘러가는 평범성에 새로운 열정을 준다고 생각한다. 현실 정치만이 전쟁의 이런 비일상성의 영향을 받지 않는 것처럼 보인다. 현실 정치는 자신의 권력을 평가하고 예측할 때 특이하고 비일상적인 것에 전혀 관심을 두지 않고, 오히려 대외 정치의 반복되는 일상을 파악하려고 한다. 그러나 현실 정치의 권력도 평범한 일상 너머를 지향하고, 위험이 지배하는 분위기 속에서 살아간다. 현실 정치는 위험, 개입, 가능한 손실을 고려할 때, 익숙한 것의 내부에서 익숙함에 머물지 않는 강렬함을 마주한다. 이렇듯 모든 관점에서 볼 때 전쟁은 비일상적인 것처럼 보인다. 문명의 대척자인 전쟁은 시민적 세계의 획일성을 깨뜨리겠노라 약속한다.

전쟁에는 일상을 흔드는 이런 특성이 있지만, 동시에 전쟁 자체가 일상이고 일상화된다. 이 명백한 사실은 변하지 않는다. 전쟁은 일상'이다.' 일상의 경험은 이미 오래전에 주변에서 직접 겪는 경험 수준을 넘어섰고, 세계의 전투들이 지속적으로 일상의 경험으로 흘러들어 왔기 때문이다. 전쟁은 일상화'된다'. 지속되는 전쟁은 직간접적으로 전쟁을 만나는 사람들의 삶에 전쟁의 고통 및 부당한 요구, 그리고 전쟁의 이미지들을 매일매일 각인시키고, 그 각인은 그들의 일상에 깊이 자리 잡기 때문이다. 전쟁의 일상화는 전쟁을 벌이는 집단에 위협일 수 있다. 그들은 전쟁이 일상적 루틴이 되면 안 된다고 여긴다. 전쟁이 지나치게 일상화되면 견딜 수 없거나 부담스러운 일이 되기 때문이다. 그러므로 전쟁은 자신의 일상성에도 불구하고 매력적이고 싶다면 평범하지 않음을 품고 있어야 한다.

실존주의 철학이 전쟁의 이런 특성을 다루었다. 제1차 세계대전이 끝난 직후에 카를 야스퍼스Karl Jaspers의 《세계관의 심리학Psychologie der Weltanschauungen》이 출판되었다. 세계관은 여러 철학자들이 사용했던 개념인데, 특히 빌헬름 딜타이Wilhelm Dilthey가 이 개념을 이용해 자신의 형이상학 구상을 설득력 있게 설명했다. 딜타이에 따르면 모든 형이상학은 '삶'이 자신을 이해하는 하나의 형태다. 이 이해는 삶이 세계라는 그림을 기획하고 그리면서 생겨난다. 세계관의 모습은 다양하다. 세계관은 과학적 체계, 종교 건축물, 예술 작품, 혹은 개인적 해석 등의 형태를 취한다. 그러나 형태와 관계없이 세계관은 늘 '전체의 의미와 가치'[1]를 제시한다. 전체의 의미와 가치는 언제나 삶을 위한 가치와 의미도 제시하므로, 세계관은 '나에게 가장 중요한 것'[2]과도 관련이 있다. 따라서 세계관은 객관적(객체적) 측면과 주관적(주체적) 측면을 갖는다. 또한 한편으로는 세계상을 보여주며, 다른 한편으로는 이 세계상이 주체와 관련이 있다는 것을 보여준다. 그리고 세계관의 세 번째 측면도 중요하다. 세계관은 단수가 아닌 복수다. 이 말은 많은 세계관이 존재하고, 이 세계관들은 역사 과정에서 변한다는 뜻이다. 이런 다양한 세계관을 유형별로 분류할 수 있다. 이상주의적 세계관, 물질주의적 세계관, 그리스도교적 세계관, 과학적 세계관 이외에도 여러 세계관들이 있다. 이 세계관 이론은 인문학 분야에 엄청난 영향을 미쳤다.

카를 야스퍼스는 이 세계관 이론을 어떻게 활용했을까? 철학을 공부한 정신의학자로서 야스퍼스는 이 세계관 이론을 심리학과 결합했고, 이 결합으로 세계관 이론을 근본적으로 재구성했다. 만약 세계관이 전체 의미이고, 그 의미가 '나에게 가장 중요한 것'과 관련이 된다면, 이 명제를 뒤집어 구성할 수도 있다. 즉, 나에게 가장 중요한 것에서 나온 것을 세계관으로 이해할 수도 있다. 따라서 야스퍼스는 심리적 조건과 상태가 세계관에 영향을 미친다고 보았다. 그렇게 해서 합리주의적 세계관은 세계를 계산하고 싶은 욕구와 연결될 수 있고, 회의적 세계관은 자기모순적 경험과 연결될 수 있으며, 다른 세계관들도 개인의 심리 상태와 연결될 수 있다. 이런 욕구와 경험은 각자가 이해하는 세계에서 성공하는 현존재를 목표로 한다. 바로 이 욕구와 경험을 포착하는 것이 세계관의 심리학이 추구하는 목표다.

실제로 세계관의 심리학은 세계관을 '실존 해명Existen zerhellung'[3]으로 이해한다. 세계관의 심리학은 세계관을 존재에 의미를 부여하는 껍데기, 혹은 상자Gehäuse라고 본다. 달팽이나 조개처럼, 인간은 그 껍데기 안에서 살 수 있다. 그러나 세계관도 딱딱하게 굳을 수 있다. 그럴 때 세계관은 '죽은 껍데기'[4]가 된다. 죽은 껍데기 안에서 인간은 꼼짝 못하게 되고, 실존을 밝혀주는 장소가 존재를 속박하게 된다. 그러므로 실존을 위해 굳어버린 세계관의 죽은 껍데기를 흔드는 능력이 중요해진다. 죽은 껍데기를 흔드는 일은 한계상황에서 일어난다. 야스퍼스는 현존재를 존재의 경계까지 데려가는 상황을 한계상황으로 이해했다. 죽은 껍데기 속에 사는 존재는 실제로 살아 있는 게 아니다. 한계상황이 이 죽은 껍데기를 깨부술 수 있다. 한계상황 때문에 존재의 경계에 섰을 때 존재에는 오직 두 가지 가능성만 존재한다. 새롭고 살아 있는 세계 기획 안에서 실존을 해명하거나, 아니면 한계상황의 경험 속에 서서히 죽어가는 것이다. 세계관의 심리학은 결국 한계상황이 만드는 시급한 과제로 귀결된다. 실존주의에서 한계상황과 실존 해명이 가지는 의미는 아무리 강조해도 지나치지 않다.[5]

야스퍼스에 따르면 한계상황은 특별하고 예외적인 것을 만들고, 이 예외적인 것은 루틴, 일상, 길들여진 것을 흔든다. 야스퍼스는 네 가지 한계상황을 설명한다. 우연, 죄, 죽음, 그리고 투쟁이 그것이다.[6] 이 중 투쟁과 함께 우리는 다시 전쟁으로 돌아간다. 모든 투쟁이 전쟁은 아니지만, 모든 전쟁은 투쟁이다. 그러므로 야스퍼스가 평화주의를 '투쟁'이라는 한계상황에 대한 커다란 오해라고 언급한 것은 그리 놀라운 일이 아니다. 야스퍼스의 말을 직접 들어보자.

"유토피아적 평화주의 이론 안에 있을 때, 즉 물질적으로 유용하고 정신적으로 편안한 중립이라는 독선적 방어막 속에 있으면서 그것을 능력인 양 여길 때, 사람은 살아 있는 힘의 중심에서는 이탈한다. 자기 실존의 실제 조건을 스스로 기만하는 상황에 있으면서 그 사람은 한편으로 긴장하고 적대적이고 민감하며, 다른 한편으로 조용하고 고루하다. 실제로 그는 전투에 유리한 상황에 살면서 전투 없는 실존을 믿는다."[7]

이처럼 평화주의는 "투쟁이 인간에게 최종적인 것이 아니라고 오해한다." 평화주의적 인간은 자기 뒤에 여전히 자신이 돌아갈 수 있는 무언가가 있다고 착각한다. 요약하면 이런 인간은 투쟁을, 그리고 전쟁을 한계상황이 아니라고 오해한다. 그래서 평화주의적 인간은 자신이 믿는 평화주의 세계관이라는 죽은 껍데기 안에 예민하면서도 우직하게 머문다.

여기까지가 야스퍼스의 주장이다. 그의 주장 가운데 우리에게 중요한 것은 전쟁에 대한 언급이다. 즉, 야스퍼스는 《세계관의 심리학》에서 전쟁을 죽은 껍데기에 주는 충격으로 언급했고, 실존을 해명하는 과정으로 제시했다. 여기서 전쟁의 비일상성이 자신의 근거를 찾는다. 현실 정치, 영웅적 현실주의, 영웅적 이상주의가 관심을 두는, 일상을 파괴하는 강렬함을 지닌 전쟁의 뿌리가 존재 자체 안에 있다는 것이다. 전쟁이 일상성을 파괴한다는 가정은 실존의 한계상황을 근거로 하기 때문이다. 세계관이 나에게 가장 중요한 것을 화석으로 만들어버린 곳에서, 전쟁은 현존재에 강렬함을 되돌려준다.

전쟁과 한계상황에 관한 실존주의의 설명은 개념사 관점에서 좀 더 냉정하게 다룰 필요가 있다. 카를 야스퍼스가 이 껍데기 개념을 막스 베버Max Weber로부터 받아들였기 때문이다.* 야스퍼스는 베버를 존경했다.[8] 베버는 개신교적 자본주의 정신이 종말을 고한 이후의 자본주의 특성을 가리키기 위해 이 껍데

• 국내에서 '쇠우리'로 통용되는 'das stahlharte Gehäuse'는 막스 베버 사상에서 중요한 개념이며, 직역하면 '강철 같은 껍데기(상자. 케이스)' 정도로 옮길 수 있다. 이 개념이 1930년대 영어권에서 'iron cage(철장)'로 번역되어 통용되었고, 한국에서는 이를 쇠우리로 번역한 듯하다. 이 책에서는 'Gehäuse' 혼자 나오는 경우 껍데기로 번역했고, 'stahlharte Gehäuse'는 맥락에 따라 '강철 같은 껍데기' 혹은 '쇠우리'로 번역했다.

기 개념을 반복해서 사용했다. 대략 다음과 같은 의미다. 사람들은 경제적 가치의 확대, 정치적 행정 관리, 과학 활동에 적응했다. 그러나 이런 외부적 변화를 자신들의 자아 개념과 통합하지는 못했다. 개신교의 직업 윤리가 한때 이런 통합을 가능하게 했다. 개신교 직업 윤리는 신이 세운 질서 안에서 사람들이 각자에게 소명으로 부과된 직업을 경제, 정치, 과학 분야에서 수행한다고 알려주었다. 이런 직업 윤리는 붕괴되었다. 따라서 사람들은 이제 경제, 정치, 사회의 요구 안에서 자신을 인식하지 못한 채 그 요구들을 따른다. 이런 사회적 제도들은 '강철처럼 단단한 속박의 껍데기(쇠우리)'[9]가 된다. 이런 껍데기 속에서 사람들은 생활할 수 없고, 단지 거주만 할 뿐이다. 젊은 게오르크 루카치Georg Lukács는 이것을 '선험적 노숙transzendentale Obdachlosigkeit'[10]이라고 규정했다.

이 맥락이 한계상황과 연결된다. 실존주의는 한계상황이 죽은 껍데기를 흔들어야 한다고 말했다. 개념사를 고려하지 않으면 이 상황은 명확하다. 한계상황은 경제적 가치 증식, 관료적 지배, 과학적 활동이, 즉 근대적 속박의 쇠우리(껍데기)가 도구적 합리성을 근본적으로 바꾼 상황을 가리킨다. 죽은 껍데기는 다름 아닌 발달한 자본주의의 강철처럼 단단한 쇠우리(껍데기)이기 때문이다. 야스퍼스는 이 껍데기를 실존의 문제로 바꾸었다. 그러나 사실 이 한계상황은 모든 시간과 사람들에게 적용되는 실존의 문제를 만들지 않는다. 이 한계상황에는 자본주의를 살아가는 존재의 구체적 욕구가 반영되어 있다. 그 욕구란 영혼 없는 직업인이자 마음 없는 향락인의 공허하고 철저하게 합리화된 삶에서 탈출하고 싶은 욕구다.[11] 한계상황으로서의 전쟁도 여기서 구체적 모습을 드러낸다. 전쟁은 부르주아 사회bürgerliche Gesellschaft라는 쇠우리의 속박에서, 다른 말로 하면 선험적 노숙 상태에서 벗어나는 것이다.

이제 이 껍데기는 사회적 제도들이 만드는 구조물이다. 이 껍데기는 법에 따라 정해진 인간 공존을 위한 지속적인 제도들로 구성된다. 결과적으로 이 사실을 이렇게 표현할 수도 있다. 한계상황은 부르주아 사회의 제도들을 흔든다. 이것이 한계상황의 객관적 핵심이다. 전쟁의 특성도 이 핵심 내용의 일부다.

• 'Zivilgesellschaft', 'bürgerliche Gesellschaft' 모두 한국에서 보통 시민사회로 번역되고, 의미상 큰 차이가 없다. 하지만 이 책에서는 이 두 개념을 구별해서 사용하고 있다. 'Zivilgesellschaft'는 정부 영역과 구별되는 민간 영역이나 하버마스 공론장 이론에 등장하는 시민사회의 의미로, 'bürgerliche Gesellschaft'는 자본주의 체제 상부 구조 전체를 가리키는 개념, 혹은 봉건사회와 구별되는 자본주의 체제 자체를 가리키는 개념으로 사용했다. 이 책에서는 'Zivilgesellschaft'는 '시민사회'로, 'bürgerliche Gesellschaft'는 '부르주아 사회'로 번역했다.

즉, 한계상황으로서의 전쟁은 근대의 영혼 없는 기구들을 무너뜨린다. 야스퍼스는 이것을 믿었다. 그리고 전쟁은 예속의 껍데기 속에 갇혀 살고 있는 모든 사람에게 다음을 약속한다. 전쟁은 우리가 비참하게 갇혀 살고 있는 경제와 사회 제도를 흔들 것이다.

그러나 이 약속은 기만이다. 전쟁 자체가 하나의 제도이기 때문이다. 군대에서부터 전시경제, 전쟁법에 이르는 전쟁의 모든 요소가 관료화되었기 때문만은 아니다. 전쟁의 요소들뿐만 아니라 전체로서의 전쟁도 하나의 제도를 만든다. 전쟁은 계획되고, 선포되며 실행된다. 즉, 도구적이고 합리화되며 계산된다. 이 모든 일이 '전쟁이 충격을 주고 뒤흔드는 것처럼 보이는 제도들이 속한 부르주아 사회'와 연관을 맺고 있다. 확실히 전쟁은 말살 행위를 통해 우리 실존을 극단적으로 덮친다. 그러나 야스퍼스가 말한 한계상황을 직접 만들지는 않는다. 전쟁은 제도들이 만든 구조물에서 탈출하는 출구를 열어주지 않는다. 전쟁 자체가 그 구조물의 일부이기 때문이다. 그렇게 전쟁이라는 강철 뇌우는 단단한 쇠우리를 더 강하게 만든다.

전쟁의 제도적 특성은 시민적인 것과 모순되는 것처럼 보인다. 부르주아 사회의 제도들은 적어도 사람들에게 폭력적 관계의 포기를 요구한다. 시민사회는 자체의 제도화를 통해 폭력의 포기를 보장한다. 사회는 합법 폭력과 불법 폭력을 구별하고, 사법부, 경찰, 처벌 등 합법 폭력을 제도화해 불법 폭력을 억제한다. 이런 법을 통한 폭력의 문명화가 자기보존에 관한 전통 이론의 핵심이었다. 바로 이 폭력의 법적 문명화가 전쟁에서 흔들린다. 물론, 법과 시민적인 것이 전쟁에서도 자신들의 유효성을 주장하려고 한다. 제도로서 전쟁은 전쟁법과 그 사법권에 복종해야 한다. 그러나 관타나모에서 우크라이나 침공에 이르기까지, 실제로 전쟁에서는 언제나 법을 위반하는 일이 일어나고, 그렇게 제도의 평화 요구는 힘을 잃는다. 전쟁은 그렇게 제도의 문명성을 해제한다. 그래서 전쟁은 사회 제도가 만든 구조물 안에 포함될 수 없는 것처럼 보인다. 오히려 전쟁은 제도적 구조를 돌파해, 한계상황이 되는 듯하다.

그런데 지금까지의 고찰은 전쟁의 반제도적 특성보다는 다른 사회 제도들의 폭력 경향에 대해 더 많은 이야기를 전해준다. 전체적으로 부르주아 사회 제도들은 모순적이다. 제도들은 평화를 약속하면서 동시에 전쟁을 속에 품고 있다. 경제, 법, 정치, 과학 할 것 없이 비상 상황에서 이 제도들은 적극적이든 소극적이든 전투에 뛰어든다. 참여를 거부한다고 거부되는 것이 아니다. 전시경제, 전쟁법, 전쟁정치, 그리고 전쟁과학이 존재하고, 이 모든 것은 각각의 제도와 연속성을 갖는다.

———————

시민사회는 자체의 제도화를 통해 폭력의 포기를 보장한다. 사회는 합법 폭력과 불법 폭력을 구별하고, 사법부, 경찰, 처벌 등 합법 폭력을 제도화해 불법 폭력을 억제한다.

제도로서 전쟁은 전쟁법과 그 사법권에 복종해야 한다. 그러나 관타나모에서 우크라이나 침공에 이르기까지, 실제로 전쟁에서는 언제나 법을 위반하는 일이 일어나고, 그렇게 제도의 평화 요구는 힘을 잃는다.

그러므로 전쟁은 인간의 공동생활을 위한 제도들과 대적하는 것이 아니다. 전쟁은 이 제도들의 일부이며, 가장 극단적인 모습이다.

그러나 전쟁은 외부에서도 내부에서도 제도를 계속해서 압살한다. 전쟁은 제도 밖에서 제도를 죽이는데, 인간의 공존을 보호하려는 다른 제도들의 활동을 자신의 요구와 행동으로 중단시키기 때문이다. 전쟁은 각 제도의 내부에서도 제도를 죽이는데, 과학, 법, 정치가 자신들의 임무에 흥미를 완전히 잃게 만들기 때문이다. 제도는 각자의 고유성을 잃어버린 채 전쟁에 동원된다. 이 말은 전쟁이 제도적 환경을 흔드는 게 아니라 예속의 쇠우리 속 공간을 더 키운다는 뜻이다. 즉, 전쟁의 반시민성은 부르주아 사회 제도들과 모순되지 않으며, 단지 그 제도의 최악의 지점을 만들 뿐이다.

우리 시대 '새로운 전쟁'은 어떨까? 예전 전쟁들과 조금 다르지 않을까? 20세기 거대한 전쟁들과 달리 이 전쟁은 더는 국가가 수행하지 않는다. 이 전쟁은 소규모이고, 지역적이며, 그 파급력은 매우 작다. 또한 이 전쟁은 제도적 차원보다 낮은 단계에서 진행되는 듯하다. 즉, 이런 전쟁에서는 제도 대신 테러집단, 지역의 협박범, 광신자들과 같은 국가 이전 단계에 있는 집단들이 충돌한다.[12] 이 새로운 전쟁은 시민적 껍데기를 깨고 나오지 않을까? 확실히 '새로운 전쟁'은 전쟁을 한계상황이라고 주장했던 존재 해명과는 크게 관계가 없다. 또한 이 전쟁은 시민적 제도로서의 전쟁과도 결별한다. 과거의 전쟁들과 달리 이 전쟁은 범죄 집단 같은 패거리들에게 권력을 넘겨주기 때문이다. 그래서 예전에는 실존적 구상으로 미화되었던 제도들의 붕괴 상황이 실제로는 더 비극적인 상태임을 이 전쟁이 확인해 줄 것이다.

그러나 여기서도 오해가 있어서는 안 된다. 우선 충분히 많은 국가적 제도들이, 즉 강대국들의 정보기관에서부터 평화유지군을 보유한 국제적 법기관들까지 이 '새로운 전쟁들(사실 그렇게 새롭지만은 않다)'에 참여한다. 또한 이 전쟁의 행위자들도 대단히 제도화되어 있다. 여기서 부르주아 사회가 오래전부터 더는 전통적 제도들 안에서만 유지되지 않는다는 점에 주목할 필요가 있다. 이 전통적 기관들 옆에 '범죄 단체Rackets'가 등장했다.

부정하고 불법적인 돈벌이를 뜻하는 영어 단어 '래킷Racket'은 막스 호르크하이머Max Horkheimer가 약탈품을 분배하고, 폭력으로 위협하며, 보호를 약속하는 지배 형태를 설명하면서 사용한 개념이다.[13] 바로 폭력 조직의 지배 형태인데, 호르크하이머는 파시즘 국가들뿐만 아니라 미국에서도 이러한 지배 형태를 발견했다. 프랑크푸르트 사회연구소 관련 인물들이 상황 이해를 위해 이 개념을 가져왔다.[14] 그사이에 범죄 단체들은 체계화되었다.[15] 범죄 단체의 핵심은 '친구는 포함하고 적은 배제하는 폭력배들의 지배 형태'를 만드는 것이었다. 이 포함과 배제의 방법으로 경쟁 집단들은 각각의 몫을 가져간다. 이런 지배 형태를 통해 범죄 단체의 통치는 전통 부르주아 사회가 과감하게 지향했던 자유, 평등, 박애의 약속들을 파괴한다. 그러나 범죄 단체가 제도적 특성을 스스로 없애지는 않는다. 오히려 범죄 단체는 사회적 제도와 다르지 않다. 범죄 단체 또한 특정 과제와 상황에 잘 대처하고 사람들의 행동을 안정화하기 위해 정해진 규칙을 따르는, 지속적 인간 협동의 한 형태라고 할 수 있기 때문이다. 그러므로 범죄 단체는 기능적 제도를 만든다.

칸트는 '악마의 종족'조차 국가를 세울 수 있는지 숙고한 적이 있었다.[16] 그는 성공적인 공존을 위한 제도들은 선과 악의 범위 밖에 있다고 생각했다. 하지만 이 사실을 더 인간적인 사회로 나아가는 비밀스러운 추진력으로 해석하는 오류를 범했다. 이 사실은 제도가 도덕성보다 앞선 단계에 있음을 증명해줄 뿐이다. 범죄 단체는 아마도 이런 악마적 삶에서 가장 중요한 제도일 것이다. 범죄 단체가 만드는 제도들은 부르주아 사회의 새로운 제도 유형을 보여준다. 이 제도들이 만드는 예속의 껍데기는 문명의 오래된 약속을 되찾아왔다. 범죄 단체의 제도들은 적절한 이념 아래에서 지속적이고 규칙을 준수하는, 즉 제도화된 약탈을 위해 폭력의 중지를 선언한다. 새롭고 '작은' 전쟁의 작동 원리도 이와 다르지 않다. 그러므로 범죄 단체들은 부르주아 사회의 제도적 구조물을 흔드는 게 아니라 단지 부르주아 사회의 제도적 구조물 안에 지저분한 변종을 만들 뿐이다.

이 모든 논의를 종합하면 전쟁은 그 자체가 예속의 껍데기 안에 있는 제도다. 따라서 제도로서의 전쟁이 갖는 자기만의 특성을 묻는 마지막 질문이 필요하다. 아르놀트 겔렌Arnold Gehlen 의 제도에 관한 중요 이론이 이 고유한 특성을 이해하는 데 도움을 준다. 겔렌은 제도가 사람들의 부담을 줄여주는 형태라고 이해하므로[17], 이 이론의 전반적인 내용은 기본적으로 틀렸다. 겔렌에 따르면 제도는 초인격적 형식을 통해 인간의 외부 생활과 내부 생활을 안정시켜준다. 사람들은 이 형식에 적응하고, 제도는 적응한 사람들에게 행동의 안전을 보장한다. 이 이론은 확실히 지나치게 단순한 인간관에 기초한다. 겔렌은 인간이란 부담을 줄여주는 기능이 없으면 멸망할 수밖에 없는 부족한 존재라고 주장했다.[18] 그러나 이런 소박한 이론 속에서 겔렌은 제도에 숨어 있는 중요한 특성 하나를 밝혀냈다. 그는 제도 안에서 '유용한 허구'[19]를 인식했다. 유용한 허구란 규칙을 준수하는 지속적인 공동생활을 위한 제도들이 종합적 맥락을 고안해 일관성 없는 사실들을 하나의 의미 있는 단일체로 연결한다는 것이다. 이 유용한 이야기가 제대로 기능할 때만 공생을 반대하는 경향들이 조화롭게 조정될 수 있다.

이 통찰은 전쟁에도 적용된다. 제도로서의 전쟁도 유용한 허구를 만든다. 앞서 말했던 내용에 따르면 그 허구의 내용은 명확하다. 전쟁이라는 제도가 만드는 유용한 허구는 자신이 제도가 아니라 실존을 해명하는 한계상황이라는 이야기다. 이 허구를 통해 전쟁은 사람들이 단단한 껍데기를 견딜 수 있게 해준다. 전쟁은 이 껍데기의 일부이면서도 껍데기 밖에 있는 것처럼 속인다. 전쟁은 부르주아 사회의 제도이면서 부르주아 사회를 흔드는 척한다. 그런데 전쟁의 허구는 허구일 뿐이다. 실제로 전쟁은 제도를 흔드는 것이 아니라 안정화하기 때문이다. 대신 전쟁은 시민적 평화와의 결별을 제도로 만든다.

그러므로 전쟁은 다른 유용한 허구들과는 달리 외형을 갖춘 허상으로 흘러가야 한다. 전쟁은 이 가상적 모습을, 즉 스펙터클을 필연적으로 동반한다. 전쟁의 발발은 제도의 종말을 연출하기 때문이다. 여기에서 전쟁의 미학화가 설명된다. 톨스토이의 《전쟁과 평화》는 이 주제를 다룬 근대의 주요 소설이며, 미학화를 전쟁의 핵심으로 제시한 작품이다.[20] 톨스토이는 이 주제를 '예술가' 나폴레옹을 통해 시각화했다. 그는 보로디노 전투의 희생자들을 바라보는 피에르 베주호프의 시선에서 미학화를 혼란에 빠뜨렸다. 톨스토이는 미학적 경험과 작별하면서 미학화의 극복을 그려냈다. 톨스토이의 통찰은 드문 사례였고, 드문만큼 다시 잊혔다. 오래전부터 전쟁은 미학화되었다. 에른스트 윙거를 비롯한 여러 사람들의 열정적 주장들이 전쟁의 미학화 작업을 계속 이어갔다. 이런 전쟁의 미학화 작업은 연출된 제도인 전쟁의 필수 성분이다. 왜냐하면 전쟁은 제도적 구조에서 자신과는 완전히 다른 것, 즉 한계상황인 척해야 하고, 그렇게 해서 허상에 도달해야 하는 제도이기 때문이다. 톨스토이는 이에 반대하는 소설을 썼지만 헛된 일이었다.

결국 지금까지 설명한 내용을 한마디로 요약하면 전쟁은 선험적 노숙 상태의 정반대인 척 연기한다는 것이다. 전쟁이 지닌 매력의 핵심이 여기에 있다. 결국 부르주아 사회라는 쇠우리는 집을 제공하지 않는다. 집이 없는 이런 비참함 앞에서 '전쟁'이라는 제도의 유용한 허구는 마치 사람들을 자유로운 야외로 이끈 것처럼 이야기한다. 그러나 사람들은 전쟁 중에 사실은 노숙자로 머문다. 더욱이 사람들은 전쟁 중에 선험적뿐만 아니라 경험적으로도 안식처를 찾지 못한다. 그래서 전쟁은 가장 극단적으로 사람들의 홈리스 상태를 증가시킨다. 겔렌은 제도가 사람들의 필요를 채워주고 궁핍함을 덜어준다고 생각했다. 그러나 '전쟁'이라는 제도는 지속적인 필요와 궁핍함을 만들어낸다. 결과적으로 사람들을 제도적 구조로부터 탈출시킨다는 유용한 허구로서의 전쟁은 인간을 완전히 방치된 존재로 만든다는 적나라한 사실성으로 이어진다.

8장

불안

Angst

전쟁은 부르주아 사회의 제도들이 만드는 구조물의 일부다. 그래서 부르주아 사회의 기본 구조로부터 전쟁의 특성을 추가로 설명할 수 있을 것이다. 이 기본 구조를 한번 살펴보자.

우리는 앞에서 근대 사상의 핵심 개념인 '자기보존'으로 부르주아 사회를 설명할 수 있다는 것을 보았다. 그리고 자기보존 개념으로 계몽의 변증법과 계몽이 지배하는 세계 사이에 다리를 놓을 수 있다는 것도, 다시 말해 계몽은 이성과 자기보존의 연결이라는 것도 보았다. 이 두 가지 논증으로 전쟁을 규정할 수 있다. 전쟁은 자기보존의 원리에 따른 세계 관리의 일부이며, 부르주아 사회를 흔드는 외부 요소이거나 부르주아 사회의 광기 어린 일탈이 아니라 부르주아 사회 제도의 하나다. 심지어 전장에서 자기 목숨을 집단적으로 바치는 것조차 이런 설명에서 의미를 얻는다. 우연한 계기나 개인적 동기에서 일어나지 않는 한 전쟁은 국가, 거대한 지역, 범죄 단체와 같은 사회 제도들의 복합체 유지와 실현에 복무하고, 사람들은 자기보존의 조건으로서 이런 복합체를 위해 전쟁에 헌신한다. 따라서 시민사회의 기본 구조는 '자기보존' 원리로 전쟁을 정당화한다.

이제 이 기본 구조는 사람들 사이의 외부 관계로만 구성되지 않는다. 주체의 한 가지 기본 특성이 사람들의 사회화 과정에 동행하면서 시민사회의 기본 구조에 포함된다. 이 기본 특성이 바로 불안이다. 인간은 '자기보존'의 원리 아래에서 늘 소멸 불안을 느끼면서 살아간다. 이 불안은 '자기보존 추구'라는 개념에서 바로 드러난다. 이 개념은 인간은 저절로 보존되는 게 아니라, 보존되기 위해 노력해야 한다는 사실을 밝혀준다. 분명히 개개인의 종말은 닥친다. 이 종말을 예방하는 것이 자기보존 추구의 목적이다. 그러므로 자기보존 추구는 각자의 종말을 부정적으로 본다. 자기보존 추구에서 나온 모든 방어, 돌봄, 대비는 결국 자기 종말을 막으려는 노력이다. 자기 종말은 오면 안 된다. 이런 의미에서 자기보존 추구의 바탕에는 소멸 불안이 숨어 있다.

이처럼 소멸 불안은 불안이라는 인간 주체의 기본 특성을 만들고, 자기보존을 위한 노력으로 사회가 구성된다. 비록 소멸 불안은 시민적 삶의 주제로는 드물게 다루어졌지만, 시민적 삶과 늘 함께해왔다. 소멸 불안은 어두운 지평선을 만들고, 그 너머에 인간 이성의 빛이 서 있다. 이성의 능력은 자기보존 추구에서 생겨나므로, 경제, 과학, 정치에서 발휘되는 이성의 능력은 소멸 불안을 극복하는 데 중요한 역할을 한다. 요약하면 부르주아 사회는 자아 주변을 맴돈다. 부르주아 사회는 자아의 소멸을 막아야 한다.

따라서 자기보존의 과정인 전쟁도 소멸 불안을 동반한다. 전쟁의 근원에는 소멸 불안이 있다. 소멸 불안은 전쟁의 동력이다. 얼핏 보면 이 명제는 특이해 보인다. 사람들은 전쟁에서 고귀한 목표를 위해서, 혹은 하찮은 목표를 위해서도 자신의 목숨을 내놓으므로, 소멸 불안을 극복한 것처럼 보이기 때문이다. 그러나 얼핏 볼 때 그렇게 보일 뿐, 자세히 살펴보면 자기 목숨을 거는 일조차도 오직 자기보존을 위한 일이라는 것이 드러난다. 전쟁에서는 자기 목숨을 포기하면서 주장하는 더 높은 자아의 보존이 중요하기 때문이다. 이 말은 다음과 같은 사태를 의미한다.

전쟁과 영웅주의의 관계에서 보았듯이, 자기보존에서는 자신의 '지금 있는 그것'만 중요한 게 아니다. 자신에게 '펼쳐질 무엇'도 중요하다. 그러므로 자기보존을 위한 노력이 생존과 맞서는 상황도 있다. 따라서 자기보존 원리의 핵심에 있는 소멸 불안은 반드시 생명을 유지하겠다는 욕구에서 나오는 것이 아니다. 오히려 자기 정체성의 종말에 대한 불안에서 나오는 경우도 많다. 즉, 소멸 불안은 인간의 '지금 있는 그것'보다 '미래에 펼쳐질 무엇'에 더 큰 관련이 있는 불안이다. 그러므로 전쟁에서 엄청나게 많은 희생자가 생기는 것은 그리 놀라운 일이 아니다. 강자에게 맞서는 방법을 모르는 약자들의 나약함 때문에 전쟁의 희생자가 생기는 것만은 아니다. 다수의 전쟁 희생자는 소멸 불안 때문에 무의식적으로 추동된 어떤 정체성을 위해 자기 생명을 의도적으로 바친다. 이런 희생 또한 자기보존의 과정으로서의 전쟁에 속한다.

전쟁의 바탕에 놓인 소멸 불안의 특성을 이해하기 위해 우리의 시야를 좀 더 넓힐 필요가 있다. 소멸 불안을 좀 더 들여다보면, 불안과 두려움의 차이가 드러난다.[1] 즉, 두려움은 특정한 대상과 관련이 있지만, 불안은 불특정한 것과 관련이 있다. 그렇기에 얼핏 보면 전쟁은 두려움이 지배하는 것처럼 보인다. 전쟁은 적이라는 특정한 대상과 관련이 있기 때문이다. 이 관련성 때문에 전쟁에서 두려움이 강요될 수도 있다. 플라톤의 《대화편》, 〈라케스〉에 나오는 니키아스Nicias 사령관은 '두려움은 대상과 관련이 있으므로 두려움의 대상에 대한 지식은 두려움의 일부'라고 생각했다.[2] 두려움의 대상을 아는 정도는 지식의 정확도와 관계없이 다양하다. 그리고 두려움의 대상에 대한 지식으로 두려움을 사실로 규정하고, 그 사실 규정 속에 묶어 둔다. 이렇게 해서 두려움을 다룰 수 있게 된다. 이 결합으로 두려움의 사실적 근거를 따질 수 있고, 필요하면 두려움을 극복할 수도 있게 된다.

전쟁에서 두려움을 아는 지식은 중요하다. 이 지식이 두려움을 반대 요소인 용기와 연결하기 때문이다. 용기도 대상에 대한 지식과 관련이 있다. 무모함과 달리 용기는 상대와 상대의 두려운 점을 안다는 것에 기초한다. 니키아스는 "자신이 모르는 것을 상대로 전쟁을 벌이는 것은 용기가 아니라 거친 짐승의 행동과 같다"[3]고 말한다. 이에 따르면 용기는 두려움이 없는 것이 아니라 두려움의 대상을 극복하는 방법을 아는 것이다. 따라서 두려움처럼 용기도 정확히 특정 대상을 향한다. 그렇게 두려움은 용기로 극복될 수 있다. 두려워하는 대상을 아는 사람은 싸움의 방법을 깊이 생각할 수 있고, 그 대상에 용감하게 접근할 수 있다. 구체적 대상과 관련된 이런 관점은 이성적으로 수행하는 전쟁을 정당화한다.

니키아스와 플라톤의 대화는 두려움에 대한 니키아스의 주장으로 끝나지 않는다. 대화의 결론은 대략 소크라테스가 만드는 아포리아로 흘러간다. 용기의 본질을 어떤 공식으로 축소할 수 없다는 것이다.[4] 그러나 니키아스의 주장은 그 자체로 전쟁의 논리에 어울린다. 말하자면 니키아스의 주장에 들어 있는 두려움의 특성을 이용해 합리적 전쟁과 비합리적 전쟁을 구분할 수 있다. 오늘날에도 비슷한 일이 일어난다. 유럽이 러시아를 두려워하는 것은 합리적일까, 비합리적일까? 또는 러시아가 나토 회원국들의 포위를 두려워하는 것은 합리적일까, 비합리적일까? 이 문제는 여전히 논의 중이다. 이 논의는 대상에 대한 두려움에서 출발한다.

그러나 이 주장은 전쟁의 근원에 놓여 있는 불안에는 적용될 수 없다. 자기보존 추구와 관련한 소멸 불안은 두려움과 완전히 다르기 때문이다. 소멸 불안은 두려움과 달리 특정한 대상을 지향하지 않고, 불특정한 것을 향한다. 자아의 소멸 역시 특정한 대상을 만들지 않는다. 자아의 소멸은 '무엇'이 아니라 '아무것도 아닌' 것이다. 그러므로 소멸 불안을 두려움이 아니라 불안으로 보는 것은 타당하다. 여기서는 자아의 완전한 불확실성이 주제가 되고, 이 불확실성과 함께 자기보존을 위해 애쓰는 인간들의 정체성은 산산이 부서질 것이다.

이 주제와 관련해서 몇 가지 생각해볼 것이 있다. 전체적으로 두려움은 플라톤 시대와는 다른 맥락에서, 즉 인간이 세계와 관계 맺는 방식이 다른 시대에서 나온다. 플라톤 시대의 세계는 코스모스, 즉 선의 관점에서 본 질서였다.[5] 이런 전제 아래에서는 세계와의 불안한 관계가 전혀 맺어질 수 없었다. 코스모스에서는 모든 것이 확실했다. '가장 아름답고 좋은'[6] 질서 아래 모두 자기 자리가 있었다. 그래서 사람들은 특정한 사물과 상황을 두려워할 수는 있었지만, 불특정한 것에 불안해하지는 않았다. 그리스도교가 이런 세계를 흔들었다. 그리스도교도는 좋은 세계 질서라는 생각을 유지했다. "그리고 하나님은 자신이 만드신 모든 것을 보셨다. 보시기에 참 좋았다."[7] 그러나 신약의 복음은 다른 이야기도 한다. "세상에서 너희들은 불안할 것이다. 그러나 용기를 가져라, 내가 세상을 극복했다."[8*] 이 복음에서 세계는 불안으로 가득 찬 공간이고, 사람들은 이 일에 어떻게 대처해야 하는지 불확실한 상태에 있다. 이것 혹은 저것이 아니라, 모든 것이 전체적으로 불안에 싸여 있다. 그러므로 불안 또한 개개인의 결정과 관계없이 전체적으로 극복되어야 했다. 여기서 새로운 세계 관계가 불안의 불확실성을 열었다. 처음으로 불안의 고유한 특성이 드러났다.

• 이 구절은 〈요한복음〉 16장 33절에 나오는 내용이다. 이 책의 저자는 독일어 루터 번역본에서 이 구절을 인용했다. 한국어 성경들에서는 불안을 느끼는 것이 아니라 "고난이나 환난을 겪을 것"이라고 번역되어 있다.

신앙으로의 투신이 불안의 불확정성을 극복했다. 물론 신앙에 투신한 이후에도 두려운 일은 있었을 것이지만 더는 불안하지 않았을 것이다. 하지만 불안의 불확실성은 한 번 모습을 드러내면 늘 믿음이 다루는 문제의 영역 밖에서 효력을 발휘했다. 그리스도교의 복음은 이런 불안을 더는 극복할 수 없었다. 독일 고전 철학의 종말과 함께 이 문제가 전면에 등장했다. 이제 사람들은 불안을 일으키는 불확실성의 핵심을 발견했다. 그것은 이성적 존재로서의 인간이 더는 자기 자신의 주인이 아니라는 위협이었다.[9] 셸링Friedrich Schelling이 이 위협을 파고들었고, 키르케고르Søren Kierkegaard가 이 위협을 잘 묘사했다. 키르케고르의 말을 직접 들어보자. "불안은 자유의 현기증이다. 이 현기증은 자유가 자신의 가능성을 내려다보다가 유한한 것에 고정되려고 그 유한성을 붙잡을 때 …… 일어난다. 이런 어지러움 속에 자유는 쓰러진다."[10] 이 묘사의 의미는 무엇일까?

자유는 인간 존재의 스스로 결정하는 특성을 가리키는 말이다. 스스로 결정한다는 말은 결국 자기 자신의 주인이 된다는 뜻이다. 이게 자유다. 자유의 실현이란 스스로 결정하는 인간 존재가 자신이 가진 가능성 중에 하나를 결정한다는 뜻이다. 자신이 가진 가능성 가운데 하나가 실현될 때만 그의 자유는 실현된다. 여기에서 자유의 두 번째 특성이 나온다. 스스로 결정하는 인간 존재는 자유를 실현할 때 자신에게 있는 다른 가능성들에 반대되는 결정을 내린다. 이런 의미에서 키르케고르의 말처럼 자유가 유한성을 붙잡는다. 즉, 인간 존재는 자유롭게 결정할 수 있는 무한한 가능성 중에서 단 하나의 가능성과 자신을 결합한다. 그런데 자기결정이 자기실현을 위해 단 하나의 가능성과 연결되면, 동시에 자신의 자유를 잃어버린다. 자기결정이 고정되었기 때문이다. 따라서 자기결정은 쓰러져 부자유로 변한다. 쓰러지기 전에 자기결정은 어지러움을 느낀다. 바로 이런 사태가 자유로운 인간 존재가 느끼는 불안이다. 즉, 불안은 자기실현을 위해서 필요한 한계 짓기를 자유의 상실이자 필연적인 것으로 경험하는 것이다. 그러니까 불안은 자기결정을 타인의 결정처럼 경험하는 일이다.

이에 따르면 불안은 가능성이 지닌 불확실성을 감당하지 못하는 것을 의미한다. 하이데거_{Martin Heidegger}가 이 사태를 가장 적나라하게 묘사했다.[11] 하이데거에게도 가능성을 다루는 것이 주제였다. 하이데거에게 세계 안에 존재한다는 것은 가능성을 다루는 것을 의미했다. 여기서도 두려움은 특정한 가능성들과 관계되고, 불안은 일반적인 가능성들과 관련된다고 구분할 수 있다. 이 구분에서 이런 결론이 나온다. 불안은 '세계-내-존재 In-der-Welt-sein' 그 자체에 닥친다. 그러나 불안과의 관계 덕분에 세계-내-존재는 총괄적인 주제가 된다. 그리고 불안은 인간이 처한 사태를 분명하게 보여주므로, 우리는 우리의 가능성 안에서 결성해야 한다. 불안을 통해 빈둥거리는 삶, 즉 일상적 현존재인 '그들das Man(세인)'[12]* 세계-내-존재는 자신의 가능성을 붙잡는 일이 핵심이라는 것을 경험할 수 있다.

그런데 이런 일들은 결국 죽음으로 앞질러 달려가는 것 Vorlaufen zum Tod(죽음으로의 선구)이다. "죽음은 현존재의 가장 고유한 가능성이다." 누구도 타인에게 죽음을 양도할 수 없다. 이제 죽음은 세계-내-존재가 더는 다른 가능성들을 다룰 수 없다는 가능성을 의미한다. 죽음은 세계에 여전히 존재하는 일을 불가능하게 한다. 죽음은 이 불가능성의 가능성이다. 따라서 특정한 대상을 만들지 않는다. 대신 죽음은 여기 더는 존재하지 않는 현존재라는 완전히 불확실한 가능성을 만든다. 이런 방식으로 죽음의 가능성은 지속적인 위협으로 현존재와 동반한다. 현존재는 '죽음으로 향한 존재'다. 하이데거의 문장 "죽음으로 향한 존재는 본질적으로 불안이다"[13]는 이 상황을 요약해준다. 불

• 하이데거는 자기를 상실한 채 본래적 실존을 추구하지 못하는 존재자 인간을. 인간을 의미하는 Man에 중성 정관사 das를 붙여서 das Man이라고 불렀다. 이 개념을 한국에서는 '세인' 혹은 '그들'로 번역하고 있다.

안은 세계-내-존재가 불확정성을 주제로 만드는 방식이기 때문이다. 그리고 이런 불확정성의 완전한 주제화가 죽음으로 가는 과정이다. 그 결과 키르케고르의 현기증은 죽음을 향한 존재의 불안이라고 정리된다.

그러나 키르케고르와 하이데거는 자신들의 논증에 들어 있는 비밀스러운 핵심에 대해 침묵한다. 두 사람은 사실 이 핵심을 몰랐다. 그 핵심 개념은 다름 아닌 '자기보존'이다. 두 사람은 죽음과 현기증을 향해 미리 앞질러 달려감을 말했다. 이 말은 현존재가 불안을 통해 자신이 죽을 존재라는 것을 깊이 자각하는 것이다. 이 자각은 자신에게 주어진 가능성 안에서 자신을 붙잡아야 하는 현존재의 자기보존에 의문을 제기한다. 그래서 키르케고르와 하이데거는 동시에 자기보존의 비밀을 누설한다. 자기보존은 죽음이라는 불확정적이고 지속적인 위협에 의해 규정된다는 것이다.[14] 다르게 말하면, 자기보존은 '본질적' 불안이다. 우리 방식대로 표현하면, 자기보존은 소멸 불안에 의해 추동된다. 고대의 두려움 논의는 그리스도교를 통해 불안 논의로 변환되었고, 이 불안은 이렇게 근대 사상의 근본 원리로 모습을 드러냈다.

자기보존에서 비롯된 전쟁은 곧 소멸 불안에서 나온다. 마찬가지로 자기보존을 위해 노력하는 인간들은 소멸 불안 속에 살아간다. 하이데거가 표현했듯이, 전쟁에서 사람들은 실제로 죽음을 향해 나아간다. 그러나 이 행진은 양날의 검이다. 한편으로 이 행진은 사람들에게 특별한 무게감을 준다. 전쟁에서 '죽음을 향해 나아가는 존재'로 사는 사람들은 자신을 '실제'라고 여길 것이다. 이것은 내면의 경험으로서 전쟁이 제공한다는 소위 부르주아 사회의 제도들의 흔들림과 잘 들어맞는다. 그러나 동시에 사람들은 전쟁에서 죽음을 향해 앞질러 달려감을 자연적 생명의 죽음으로 제한한다. 그들은 '지금 있는 그것' 대신 '앞으로 펼쳐질 무엇'이라는 의미가 있는, 완전한 의미에서의 자기 존재의 종말을 전쟁과 관련시키지 않는다. 오히려 사람들은 '지금 있는 그것'을 방어하기 위해 자기보존을 위한 제도들을 만든다. 전쟁이 바로 이런 제도들 가운데 하나다. 따라서 전쟁은 '지금 있는 그것'의 죽음이 아닌 '앞으로 펼쳐질 무엇'의 죽음을 제시하면서 자신의 죽음을 방어한다. 이것은 자기보존의 내용을 규정하는 것의 죽음, 즉 자기 정체성의 죽음이다. 이렇게 자기 목숨을 바치는 것조차도 자기 죽음에 대한 방어라는 관점에서 비롯되고, 그것은 자기보존의 뒤틀린 도구를 만든다.

이렇게 전쟁은 자신의 소멸 불안을 타인의 소멸로 변환한다. 사람들은 전쟁에서 자기 목숨을 내놓고 타인의 생명을 죽이면서 죽음을 향해 앞질러 달려감을 실행할 수 있다고 믿는다. 여기에서 적의 악마화와 축소가 설명된다. 자기보존의 위협이 적의 모습으로 구체화되면서 적은 대단히 섬뜩하면서도 동시에 대단히 하찮게 보여진다. 적은 특정되지 않는 불안이므로 특별히 섬뜩해야 한다. 전쟁에서 적은 불안에서 두려움의 대상으로 바뀌는 것처럼 보이지만, 실제로는 소멸 불안과 관계되므로 불안의 대상으로 머문다. 이 소멸 불안이 사라질 때만 적과의 평화를 기대할 수 있다. 적의 힘이 너무 크면 안 되므로, 적은 특별히 하찮아야 한다. 적의 힘이 너무 크면, 자아는 자신의 능력과 가능성에 의문을 품게 되고, 불안은 구체적인 두려움으로 바뀔 것이다. 그래서 적은 자기보존을 향한 가장 섬뜩하면서도 동시에 아무것도 아닌 위협처럼 나타난다. 그래서 푸틴은 전능하면서도 무기력한 바보인 것이다.

이 모든 것 뒤에는 또 다른 지평 하나가 숨어 있다. 숨어 있는 지평이란 다름 아닌 존재 자체에 대한 이론, 즉 형이상학이다. 하이데거는 현존재에 대한 자신의 해석학에서 다음과 같이 분명하게 밝혔다. 무에 대한 불안은 형이상학적 기분이다.[15] 이 명제를 설명하기 위해 하이데거는 아리스토텔레스로 다시 돌아간다. 아리스토텔레스의《형이상학》이 나온 이래로 형이상학의 주제는 '존재자로서의 존재자'[16]이기 때문이다. 이 말은 자연적 전쟁은 자신의 소멸 불안을 타인의 소멸로 변환한다. 사람들은 전쟁에서 자기 목숨을 내놓고 타인의 생명을 죽이면서 죽음을 향해 앞질러 달려감을 실행할 수 있다고 믿는다. 여기에서 적의 악마화와 축소가 설명된다.

존재자, 사회적 존재자, 수학적 존재자와 같은 존재자의 특별한 계급이 아니라 존재자로서의 존재자 자체가 형이상학의 주제라는 뜻이다. 하이데거는 무(죽음)에 대한 불안이 처음으로 존재자를 특별한 형태가 아닌 존재자로서 주제화한다고 주장했다. 왜냐하면 무로부터 처음으로 존재자가 존재자로서 개방되기 때문이다.

그럴듯하게 들린다. 그러나 이 주장은 근시안적이다. 존재자로서의 존재자는 무와의 대조 속에서 열리는 게 아니기 때문이다. 존재자는 '아직 아닌 것'과의 대조 속에서도 열릴 수 있다. 하이데거는 《존재와 시간》이란 제목의 책을 쓰기도 했지만, '앞으로 오게 될 것'을 잊었다. 여기에는 많은 것이 연결되어 있다. 만약 사람들이 무와의 대조 속에서 존재자로서의 존재자를 추론한다면, 필연적으로 자기 존재와 연결되어 있는 존재자의 소멸 불안에, 즉 이 세계에 있는 우리 현존재의 소멸 불안에 도달한다. 그러나 이와 달리 존재자로서의 존재자를 아직 아닌 것과의 대조 속에 추론한다면, 그때는 현존재의 소멸 불안 대신 아직 아닌 것을 향한 지향에 도달한다. 다른 말로 표현하면, 인간은 유토피아에 도달한다.[17] 여기서 소위 무 때문에 우리가 느끼는 불안은 사라진다. 불안의 자리에 기대, 즉 아직 아닌 것에 대한 희망이 들어서고, 아직 아닌 것에서 존재자로서의 존재자는 자기 확실성을 얻을 수 있을 것이다.

바로 이 아직 아닌 것이라는 대안이 전쟁을 가로막는다. 명백히 희망과 함께 소멸 불안도 극복될 것이다. 자기보존을 위한 제도로서의 전쟁은 형이상학적 근거인 '불안'에 기초한다고 말할 수 있다. 이와 달리 전쟁의 극복은 형이상학적 근거인 '희망'과 연결될 것이다.

Abseits des KRIEGES

9장

종교

Religion

많은 전쟁이 종교 때문에 일어난다. 고대뿐만 아니라 근대도 마찬가지다. 지금 통용되는 국제법은 교파 사이의 전쟁을 극복해야 할 필요성 때문에 생겨났다. 현재까지도 전쟁과 평화라는 주제에서 종교 관계는 중요한 역할을 하고 있다. 종교 관계의 고려 대상을 특정 종교 형태에만 한정해서는 안 된다. 계몽주의는 종교를 '실증 종교'와 '자연 종교'로 구분했다. 실증 종교는 제도와 계시 교리가 있는 종교이고, 자연 종교는 신성에 대한 보편적 확신과 이를 따르는 생활 양식을 말한다.[1] 이런 종교 형태의 분류보다 더 중요한 것은 우리 사회의 종교적 기본 요소 전체를 포괄적으로 사유하는 것이다. 종교적 기본 요소들은 전쟁에서 사람들의 통합과 동일화의 과정을 제공한다.

이런 맥락에서 몇 년 전에 있었던 논쟁은 중요한 의미가 있다. 이 논쟁의 주제는 유일신교와 폭력의 연관성이었다. 이집트학 학자 얀 아스만Jan Assmann의 고찰이 논쟁의 출발점이었다. 아스만은 '모세 구별mosaische Unterscheidung(모세의 구별)'이라는 개념을 도입했고 이 개념으로 유일신교의 특별한 폭력성을 설명하려고 시도했다.[2] 모세 구별이란 참된 종교와 거짓 종교를 구분해야 한다는 것을 의미한다. 그러니까 모세 구별은 전통, 공동체, 의미 제공에서 참과 거짓을 따지는, 실제로는 철학적 질문이다. 이런 관심의 변화에서 유일신교가 의미하는 단절의 특성이 나온다. 대부분의 다신교에서는 한 종교의 신이 다른 종교의 신으로 번역될 수 있다. 로마의 비너스는 그리스의 아프로디테였고, 이집트의 이슈타르였다. 다신교에서는 다른 종교들을 거짓으로 여기지 않았다. 오히려 타 종교는 다른 맥락에 있는 같은 것, 최소한 비슷한 것을 의미했다. 하지만 유일신교는 이런 관점들을 제거했다. 이제 모든 것은 모세 구별에 따른 차이에 달려 있었다.

모세 구별과 함께 특별한 폭력 형태도 생겨났다. 신의 이름으로 행해지는 폭력이 그것이다. 폭력은 유일신 종교의 가치를 실현할 수 있는 하나의 방법일 뿐, 반드시 사용해야 하는 필수 요소는 아니다. 그러나 유일신교는 폭력으로 가는 경향이 있다. 왜냐하면 유일신교는 참된 종교와 거짓 종교를 구분하면서 다른 종교와의 양립 불가능성을 내포하고 있기 때문이다. 참된 것은 거짓된 것을 배제하기 마련이다. 이런 배제적 태도가 다른 종교인들과 마주쳤을 때, 거짓 종교에 기울어진 사람들을 폭력으로 대하려는 경향이 나타난다. 아스만에 따르면 이런 폭력은 우선 같은 유일신교 내부의 이단을 겨냥한다. 그러나 이 폭력이 다른 모든 종교를 향할 수 있다는 것은 명백하다. 그들이 내부에서 오든, 외부에서 오든 아무 상관이 없다.

'모세 구별'이라는 이름이 말해주듯이, 유일신 종교의 형태는 시나이산에서 신이 이스라엘과 맺은 계약이 특징이다. 이 계약은 신의 백성인 이스라엘에 결단을 요구한다. 신의 편에 설 것인지, 아니면 신에게 맞설 것인지를 결정하도록 요구한다. 다음과 같은 구절이 출애굽기에 나온다. "이제 너희가 나의 말을 듣고 내가 세워준 계약을 지킨다면, 너희야말로 뭇 민족 가운데서 내 것이 되리라. 온 세계가 나의 것이 아니냐? 너희야말로 사제의 직책을 맡은 내 나라, 거룩한 내 백성이 되리라."[3] 이 구절에 따르면 참된 신과 맺은 계약은 순종과 성화라는 두 가지 내용을 포함한다. 성화는 신의 일이고, 순종은 사람의 일이다. 따라서 참된 종교와 거짓 종교의 구별 뒤에는 신을 따르겠다는 인간의 결정도 따라온다. 이 구별은 참된 종교와 거짓 종교 사이의 경계 짓기, 그리고 소속 정하기와 관련이 있다. 신실함과 배교 사이의 대결이다. 이 구별 없이는 성화도 없다.

유대교로만 국한되지 않는 '유일신주의' 종교 유형은 이런 방식으로 다른 종교들을 폄하한다. 그렇기에 아스만은 유일신교를 '반대하는 종교'라고 불렀다.[4] 아스만의 설명에 따르면 유일신교는 '반대'를 통해 자신의 경계를 정하는 종교다. 이런 '반대'는 유일신교가 주장하는 진리의 일부다. 반대를 통해 자신을 규정하는 유일신교의 특성은 성상 금지와 성상 파괴에서 입증된다. 이 성상 파괴는 성상 금지가 만든 어두운 그림자다. 두 가지 모두 전승되던 신들의 세계를 탄압했고, 폭력으로 이를 해체하려고 했다. 따라서 유일신교의 특성은 양자택일이었던 반면, 이교도적이고 이미지가 풍부했던 종교들은 포용과 포괄을 알았다. 이교도의 신성들은 서로서로 번역될 수 있었으므로, 하나만 선택할 필요가 없었기 때문이다. 물론 다신교들도 다양한 폭력을 분명히 알았고, 지금도 알고 있다. 그러나 다신교의 폭력은 종교에서 기원한 것이 아니라 정치·사회 조건에서 나왔다. 여기까지가 아스만의 생각이다.

확실히 아스만의 생각은 전쟁의 종교적 채색과도 관련이 있다. 유일신교의 영향이 정치·사회적 조건에 또 다른 완고한 폭력 요소를 추가할 수도 있을 것이다. 전쟁에 정당성을 부여하는 복합체인 '법', '권력', '해방', 그리고 전쟁을 구성하는 복합체인 '영웅주의', '제도', '불안' 옆에 타 종교와 양립 불가능하고, 타 종교를 폄하하고 억압하는 참된 종교에 대한 양자택일이 나란히 설 것이다. 유일신교적 맥락이 있는 전쟁은 결과적으로 확장된 폭력의 문법을 갖게 될 것이다. 여기서는 종교가 첨가물이 아닌 구성 요소가 될 것이다.

아스만의 생각은 우리 상황과 관련이 있을 수 있다. 언젠가부터 우리 시대는 '탈세속적'이라고 규정된다. 탈세속적이란 말은 부르주아 사회 안에서 종교의 위치가 변했다는 뜻이다. 세속 학문의 지배, 세속의 법과 예술의 시대는 지나갔고 종교가 귀환해 부르주아 사회 안에 자리를 차지했다는 것이다.[5] 물론 세속 사회에서도 종교는 늘 존재했다. 그러나 세속 사회에서 종교는 과학적 사고, 국가의 헌법 혹은 예술 작품을 끌어주는 지침을 만들지 않았다. 오히려 종교는 '개인의 특이한 생각'이었다.[6] 종교는 개인의 일이거나 특별한 영역의 일이었다.

이렇듯 종교는 세속적 사고를 과장하는 일종의 도구로 활용되었다. 과거에 스콜라 철학은 '신앙의 전제praeambula fidei', 즉 순수 이성에서 나오는 신앙의 전제조건에 대해 말했다.[7] 말하자면 세속 사회에서는 이 관계가 뒤집혔다. 신앙은 과거에 신앙이 중요했던 영역, 즉 국가, 법, 혹은 학문과 같은 사회의 이성적 영역의 엄숙한 서문이 되었다. 특히 종교는 이른바 '우연의 극복'[8]이라는 과제를 수행했다. 복잡한 근대 사회는 사람들에게 과중한 부담을 주므로, 사람들은 조망할 수 없는 우연 속에 빠져 있다고 생각한다. 이런 상황에서 종교는 사람들에게 휴식과 선방을 제공한다는 것이 우연의 극복에 담긴 의미다. 따라서 종교는 세속 사회 안에서 기능이 있으며, 그렇기에 보존될 수 있었다. 입헌 국가에서 깃발, 의례, 성스러운 경구처럼 시민 종교 역할을 수행하기도 하고, 신학이 방향 제시 학문의 역할을 수행하는 등[9], 종교의 여러 기능들이 다양한 방식으로 세속 사회에서 발휘될 수 있었다.

탈세속 사회에서 종교는 세속 사회 종교의 서문 및 기능적 역할을 넘어선다. 전근대 사회의 신적 질서가 그러했듯이, 탈세속 사회는 세속적 자기규정 자체가 문제가 되는 경험을 하고 있다. 따라서 종교가 넘겨주었던 세속 사회 내부의 기능들도 무너지고 있다. 그러나 우리는 '탈세속 사회'라는 개념에서 '탈post'의 의미를 문자 그대로 '~이후'라는 의미로 받아들여야 한다. 즉, 탈세속 사회라는 개념은 사람들이 세속화 이후에 생각하고 행동하고 느끼는 것을 가리키는 말이다. 이 말은 세속적 합리성이 여전히 탈세속성의 출발점이므로, 세속적 합리성에서부터 탈세속 종교를 이해해야 한다는 뜻이다. 그래서 탈세속 종교는 귀환이나 퇴행이 아니며, 시대착오적이지도 않다. 완전히 반대로 시대에 맞는 종교다. 탈세속 종교는 세계의 탈주술화 이후 지속되지만 세속적 관점으로 더는 해결될 수 없는 세속의 문제에 대응하기 때문이다.

그러나 탈세속 시대라는 진단은 단순한 진단에 지나지 않는다. 이 진단은 탈세속화의 어떤 원인도 제시하지 않는다. 탈세속화의 원인은 어디에 있을까? 미셸 푸코Michel Foucault가 제시하는 개념에서 그 답을 찾을 수 있다. 우리는 이미 이 개념을 자기보존과 관련해서 만났다. 바로 '자기배려la souci de soi'다.[10] 푸코는 자기배려 개념으로 전후 '황금 시대'의 종말 이후 시작되는 1970년대 '대몰락'을 다루었다.[11] 1970년대에 자본주의를 극복할 수 있다는 희망이 붕괴되었고, 동시에 자본주의가 전 세계를 장악했다. 따라서 부르주아 사회의 외부에는 아무것도 없는 것처럼 보였다. 그리고 이런 진단은 자유가 더 이상 사회적 전복을 통해 실현될 수 없다는 것을 의미했다. 이런 상황에서 푸코는 헬레니즘 방식의 삶의 기술, 즉 플라톤, 스토아 학파, 에피쿠로스 학파, 회의주의 학파의 '영적 훈련'을 탐구했다. 이 고대 철학들을 보면서 푸코는 소규모 공동체에서 자기배려를 통해 자유로운 삶을 꾸려가는 법을 배울 수 있다고 생각했다. 반대로 1960년대에 꿈꾸던 제국을 극복하고 동시에 제국에서 탈출하려던 모순된 꿈은 포기되었다.

푸코의 기획 안에서는 권력과 작별하려던 계획이 전체적으로 보류된다. 자기돌봄은 일반적인 권력 게임의 일부이기 때문이다. 자기돌봄은 권력 게임 안에서 집요하게 자기 방식의 움직임을 고집하는 것과 같다. 모든 역경 속에서도 스스로 결정하는 삶을 형성하는 움직임을 배우는 것이 자기돌봄의 약속이다. 그래서 이제 자유의 가능성은 자기 정체성을 위한 작업이 된다. 여기서 '자기보존'의 원리는 새로운 형태로 변화한다. 전통적인 시민 철학에서 자기보존 원리는 권리와 권력을 가진 자율적 주체를 지향했다면, 이제는 피해갈 수 없는 권력 놀이 한가운데에서 자기를 형성해가는 책략을 안내한다. 이 변화는 정체성 정치가 결정적인 것이 되었다는 뜻이고, 그 이후 정체성 정치는 좌파, 중도, 우파 영역에서 계속 유지되었다.

푸코는 짧은 생애의 말기에 이란 혁명에서 독특한 매력을 느꼈다. 특히 이란 혁명의 종교적 특성이 푸코를 사로잡았다. 푸코는 그 특성을 정치적 영성이라고 불렀다.[12] 이 영성은 인간에게 '아니오'라고 말할 수 있게 해주고, 맨손으로 권력의 장치에 맞서 자신을 방어하게 해준다. 즉, 자신의 주체성을 게임에 등장시켜 참여하게 하고 그렇게 카드를 새로 섞을 수 있게 한다. 이것이 푸코의 생각이었다. 중요한 것은 푸코가 결코 정치적 이슬람이 만든 이슬람 법학자의 통치를 정당화하지는 않았다는 점이다. 대신 정치적 영성의 형성에서 주체의 고집스러움을 보았다. 이 발견이 푸코가 자기돌봄으로 전환하는 중요한 동기였다. 푸코에게 1979년 테헤란의 정치적 영성은 주체의 움직임이 권력 게임을 흩뜨릴 수 있음을 보여주는 것 같았다. 푸코의 자기돌봄에 대한 사유는 후기 고대 사상들을 재수용하면서 다른 방향으로 확장될 수도 있었지만, 실제로는 이란 혁명의 지평 안에 늘 머물렀다. 따라서 이렇게 결론 내릴 수 있다. '자기돌봄' 개념은 영적 훈련이라는 고대의 주제만 활용한 것이 아니다. 이 개념은 또한 이런 정치적 의미가 있는 영적·종교적 차원을 가지고 있다.

우리는 자기돌봄 개념의 도움으로 탈세속 사회의 비밀을 밝혔다. 자기돌봄이란 바로 정체성 돌봄이다. 정체성 돌봄은 진보에 대한 부르주아 사회의 약속이 깨지면서 생겨났고, 종교적인 것으로 가는 경향성을 이미 내부에 갖고 있다. 이런 경향 안에서 정체성 돌봄은 정치적 영성으로서 자신의 정치적 영향력을 점차 넓혀간다. 따라서 종교의 위치 변화는 주체성에 관한 새로운 이해에 근거한다. 즉, 종교의 위치 변화는 주체의 자기극복을 어렵게 하고, 주체 형성을 여전히 개인, 집단, 민족 형태의 정체성 정치로만 이해하는 부르주아 사회에서 일어난다. 따라서 탈세속 사회는 탈세속 종교, 즉 정체성에 기초한 종교를 제시한다.

바로 이런 탈세속 사회라는 맥락 때문에, 즉 정체성 종교의 등장 때문에 오늘날 유일신교의 폭력이 주제가 된다. 유일신 종교는 단순히 이집트인 모세와 관련된 것이 아니라, 지금 우리가 살고 있는 탈세속적 현재와도 관련이 있다. 유일신교적 폭력 또한 탈세속적 형태를 취할 수 있기 때문이다. 이 폭력은 자기돌봄과 동반하는 정치적 영성에서 나오고, 전쟁에도 적용된다. 따라서 전쟁의 폭력 또한 탈세속적이 된다. 탈세속 전쟁은 법, 강대국, 해방에 의해서만 전쟁이 규정되지 않음을 보여준다. 탈세속 전쟁은 폐쇄된 사회라는 조건 아래에서 자기돌봄이라는 정치적 영성에 기초한 정체성 종교에 의해서도 생명을 얻는다. 물론 전쟁의 다른 중요 요인들도 그대로 존재한다. 세속 사회에서 수행하던 종교의 기능적 측면들도 계속해서 그 역할을 수행한다. 그러나 여기에 이제 탈세속적 종교성이 더해진다. 탈세속적 종교성은 우연히 추가된 것이 아니라 탈세속 전쟁의 본질적 요소다. 따라서 전쟁의 관계는 이제 종교적 관계라는 특성을 갖는다.

이 관계 안에서 유일신교적 폭력은 시대에 맞는 표현을 찾는다. 유일신교적인 구별, 즉 참과 거짓, 믿음과 배신, 양자택일을 강요하는 구별은 자기돌봄의 맥락에서 새롭게 표현된다. 이 구별은 정체성 종교를 통과해 탈세속 전쟁으로 이동한다. 이 이동 때문에 전쟁을 통제하는 일이 더욱 어려워진다. 정체성을 형성하는 정치적 영성은 전쟁의 불꽃이 되며, 이 불꽃은 정당성의 요구, 권력의 요인들, 해방의 희망을 훨씬 넘어서서 더 활활 타오르기 때문이다. 결국 전쟁은 양자택일의 문제가 되고, 여기서 양보는 거의 불가능하다. 더욱이 세속화 시대에 시민 종교가 등장했듯이, 탈세속화 시대에 전통 종교들도 탈세속화 시대의 새로운 전쟁 개념과 결합할 수 있다. 전통 종교들은 이제 정체성 종교의 정치적 영성에 참여하고, 반대로 자기 종교의 부흥을 위해 정치적 영성을 기존 내용에 추가한다. 탈세속 전쟁에서 전쟁과 폭력은 유일신교적 폭력의 묶음으로 혼동된다. 이런 혼동이 오늘날 전쟁의 종교를 만든다.

그러나 유일신교에 대한 논의가 여기서 끝나서는 안 될 것이다. 아스만의 사유에는 눈에 띄는 맹점이 하나 있다. 우리는 이집트에서의 탈출이 '종살이하던 집'[13]에서의 탈출이었음을 기억해야 한다. 이 탈출은 억압으로부터의 해방이었다. 아스만은 이 특성을 뒤로 물리고, 율법의 구속을 첫 번째 줄에 세운다. 아스만은 십계명이, 특히 첫 번째 계명이 출애굽의 핵심이라고 생각했기 때문이다. "너희는 내 앞에서 다른 신을 섬기지 못한다."[14] 이런 아스만의 관점에서 보면, 이집트 탈출의 핵심은 실제로 자유가 아니라, 복종 및 참된 종교와 거짓 종교의 구별처럼 보인 전통 종교들은 이제 정체성 종교의 정치적 영성에 참여하고, 반대로 자기 종교의 부흥을 위해 정치적 영성을 기존 내용에 추가한다. 탈세속 전쟁에서 전쟁과 폭력은 유일신교적 폭력의 묶음으로 혼동된다. 이런 혼동이 오늘날 전쟁의 종교를 만든다.

다. 유일신교는 복종 및 구별을 위해 폭력을 사용했다. 신의 이름으로 폭력을 행사했다. 이런 폭력의 무게 앞에서 해방은 뒷전으로 밀려난다.

그러나 이 관점은 중요한 점을 가리고 있다. 십계명은 첫 번째 계명으로 시작하지 않는다. 십계명은 다음과 같이 시작한다. "너희 하느님은 나 야훼다. 바로 내가 너희를 이집트 땅 종살이하던 집에서 이끌어낸 하느님이다."[15] 이 문장 다음에 열 가지 계명들이 이어진다. 그러므로 십계명은 모두 이 앞선 문장에 담긴 빛에 비추어 읽어야 한다. 이 빛은 바로 종살이로부터 벗어나는 해방의 빛이다. 따라서 십계명은 해방의 계명이다. 타 종교인에 대한 구별, 폄하, 학대를 가리키는 게 아니라 자유로운 민족의 형성에 관한 것이다. 이 민족은 자신들과 계약을 맺은 신 이외에 다른 신을 섬겨서는 안 되는데, 다른 신을 섬기게 되면 다시 '종살이하던 집'으로 돌아가게 될 것이다. 그리고 이들은 신의 형상을 만들면 안 된다. 신의 형상을 만들면, 신의 이해할 수 없는 약속, "너희 곁에 있을 내가 너희 곁에 있을 것이다."[16]를 이해할 수 있게 만들기 때문이다. 즉, 자유로의 탈출을 고정된 것으로 만들기 때문이다. 십계명의 이런 의미는 유일신교의 역사에서 묻혀버렸을 수도 있다. 그러나 그 문제는 종교사적 문제이지, 사실의 문제가 아니다.

어쨌든 출애굽의 이 사실적 본질이 추상적 사건으로만 머물지 않았다는 점을 주목해야 한다. 오히려 이 사건은 해석의 역사에서 구체적인 결과들로 이어졌다. 출애굽은 근대에 일어난 혁명들의 모델이 되었기 때문이다.[17] 그리고 이것은 출애굽과 십계명의 핵심 주제가 종교들 사이의 폭력이 아니라 혁명 투쟁이었다는 것을 보여준다. 이 사실을 밝히고 받아들인다면, 유일신교는 더는 전쟁의 종교 만들지 않는다. 대신 유일신교는 자유라는 초월과 그 자유를 위한 투쟁을 말한다. 따라서 타 종교에 대한 반대는 부차적인 문제가 된다. 대신 종의 집에 대한 반대가 첫 번째 문제가 된다. 오직 이런 관점에서만 유일신의 폭력은 완전한 정당성을 얻는다. 그렇다고 이 폭력을 부인해서는 안 된다. 여전히 폭력은 문제로 남는다. 그러나 동시에 유일신의 폭력이 전쟁의 폭력이 아닌 것은 분명해진다. 이 폭력은 혁명의 폭력이다. 종들의 민족인 이스라엘에게는 군대가 없었다. 오직

• 〈출애굽기〉 3장 14절에 있는 구절로 번역과 해석의 난해함으로 유명한 구절이다. 영어 성경에서는 대체로 "I am who I am"으로 번역된다. 한국어 공동번역에는 "나는 곧 나다. 나를 너희에게 보내신 분은 '나다'라고 말씀하시는 그분이라고 이스라엘 백성에게 일러라.", 개역개정판에는 "나는 스스로 있는 자이니라 또 이르시되 …… 스스로 있는 자가 나를 너희에게 보내셨다."고 번역되어 있다. 저자가 인용한 번역은 독일어 성경이 아닌 프랑스 유대교 신학자 찰리 투아티(Charles Touati)의 번역이다.

이집트만 군대가 있었다. 이집트가 탈출하는 종들을 공격하기 위해 군대를 배치했을 때, 그 군대는 홍해에 가라앉았다. 이스라엘이 아니라 신의 영향으로 그렇게 되었다. 그렇게 여기서는 전쟁이 일어나지 않았다.

이 모든 것은 유일신적 폭력이 일반적으로 통용되는 종교적 폭력과 연관성이 적다는 사실을 보여준다. 유일신교적 폭력 자체는 정당화하기 힘든 집요함을 갖고 있지만, 폭력적 종교라는 원죄에서는 벗어날 수 있다. 결론적으로 결국 이스라엘에게는 군대 대신 오직 신만이 있었다. 그 신은 해방의 신이자, 혁명의 신이었다.

10장

군사주의

Militarismus

"전쟁은 다른 수단을 이용한 정치적 왕래의 연장일 뿐이다.[1]" 카를 폰 클라우제비츠Carl von Clausewitz 장군의 유명한 말이다. 우리는 이 정의에서 군사주의(군국주의)에 대한 두 가지 기본 이해를 구분할 수 있다.

첫 번째는 이 문장에서 정치와 전쟁을 서로 바꿀 때 생긴다. 즉, 전쟁이 정치의 연장이 아니라 정치가 전쟁의 연장이 될 때 군사적 관계가 지배하게 된다는 뜻이다. 보수주의와 자유주의 주류의 군사주의 비판이 이 이해에서 나온다. (보수주의도 군사주의 비판을 할 줄 안다. 때때로 그것을 잊어버리게 하지만 말이다.) 게르하르트 리터Gerhard Ritter가 여러 권으로 집필한 독일 군사주의에 대한 책들이 이런 군사주의 비판의 고전이라 할 수 있다. 리터의 작품은 제2차 세계대전이 끝나고 서독이 재무장하던 시기에 나왔다. 리터는 군대의 총체적 파괴 행위에 맞서 군대의 훌

륭한 정신, 특히 프로이센 군대의 좋은 정신들을 다시 불러오기 위해 자신의 책에서 독일의 과거를 철저하게 다루었다. 이 전집의 제목은 《국가 기술(국가 통치술)과 전쟁 기술Staatskunst und Kriegshandwerk》(국내 미발간)이다. 이 전집의 첫 문장은 이렇다. "이 책은 제2차 세계대전에서 겪은 영혼과 정신의 혼란이 낳은 열매다. 진정한 국가 이성을 통해 고삐 풀린 전쟁 기술이라는 데몬을 길들일 수 있는지, 그리고 길들일 수 있다면 그 방법은 무엇인지에 대한 질문이, 우리 세대만큼 그렇게 혼란스러운 삶의 문제가 된 적이 없었다."[2]

책의 제목이 이미 기본 주장을 알려준다. 전쟁 행위는 목표를 관철하기 위한 기술이다. 이 목표는 정치 문제들이다. 국가 통치술로서 정치는 목표와 목표 실현을 위한 도구를 고민하고 결정한다. 전쟁은 이 도구들 가운데 하나다. 그러니까 여기서 우리는 이 장의 첫 문장을, 즉 "전쟁은 다른 수단을 이용한 정치의 연속이다"를 다시 만난다. 그러나 클라우제비츠의 문장은 정치의 이중성을 무시한다. 리터는 이 점을 지적한다. 리터는 이미 권력이라는 데몬에 관한 자신의 책에서 이 문제를 다루었다.[3] 데몬은 신, 지옥, 인간 사이에 있는 중간 존재였다. '권력의 데몬'이라는 표현은 이런 이중성을 암시한다. 리터는 이 책에서 정치를 국가 권력과 늘 연결시켰는데, 국가 권력이 내릴 수 있는 결정은 권력 투쟁과 질서 확립이다. 이 두 가지 결정은 모순적이다. 권력 투쟁 측면에서 정치는 전쟁으로 가는 경향이 있고, 질서 확립 측면에서는 평화와 법으로 기울어져 있다.[4] 국가 통치술과 전쟁 기술의 관계는 명료하게 구분되지 않는다. 오히려 정치 안에는 이미 전쟁 기술이 우세를 차지하고 질서 확립을 파괴할 위험이 언제나 잠복해 있다. 원칙적으로 인간은 이 위험에서 벗어나지 못한다. 단지 상황에 따라 극복할 수 있을 뿐이다.

이런 이유로 리터는 정치를 국가 기술(통치술)이라고 불렀다. 정치적 숙고와 결정은 전쟁을 수단으로 활용하기도 하는 권력 투쟁을 이끌면서 질서 확립이라는 목표를 절대 잊어서는 안 된다. 특히 일반적 행동 지침 대신 개인의 능력을 통해 관리될 수 있는 구체적 상황에서 이 목표를 잊어서는 안 된다. 여기서 정치는 두 가지 측면(권력 투쟁과 질서 확립) 모두를 진지하게 받아들이고, 어느 한 편도 방치해서는 안 된다. 그러나 정치는 양쪽을 진지하게 받아들이므로, 자신의 첫 번째 측면에 사로잡혀서 전쟁으로서의 권력 투쟁에 우선권을 줄 수 있다. 이렇게 되면 권력의 악마성을 조절할 수 있는 마지막 기준점으로 이제 정부의 양심만이 남는다. 이 논리에 따르면 군사주의란 전쟁이 양심적 국가 기술을 제압하는 것을 의미한다. 군사주의에서 전쟁은 수단에서 목표가 되는데, 정치적 권력 투쟁이 정치적 질서 확립을 잊어버리기 때문이다.

군사주의에 대한 두 번째 이해는 첫 번째 이해와 완전히 다르다. 이 두 번째 이해는 "전쟁은 다른 수단을 통한 정치의 연속이다"라는 문장에서 정치와 전쟁을 뒤집지 않고 이 문장 안에서 군사주의를 발견한다. 이 이해는 좌파자유주의와 마르크스주의의 군사주의 개념인데, 오늘날뿐만 아니라 늘 비주류 입장이었다. 이 이해는 시민적인 것과 군사적인 것 사이의 대립에 기초해 정치적인 것을 시민적 영역으로 이해한다. 따라서 정치와 전쟁의 모든 연결에서 이미 정치적인 것의 군사주의적 변형이 실행된다고 본다. 이 이해가 정치적인 것을 철저하게 비폭력적인 것으로 이해한다는 뜻은 아니다. 그러나 이 입장은 첫째 정치적 폭력은 오직 특별한 상황에서만 발생하며, 둘째 이 폭력은 결코 군사주의적 성격을 띠면 안 된다는 것을 의미한다. 이 입장은 권력의 일반적 악마성을 말하는 대신 권력의 시민화를 대변한다.

이 개념은 새로운 전제 아래에 있다. 군사주의에 대한 보수적·자유주의적 관점의 일반적 전제는 명쾌하다. 이 관점은 인간 사회가 전쟁이란 제도를 견딜 수 있다는 것을 전제로 한다. 그래서 전쟁은 국가 정치의 하나의 수단, 혹은 동반되는 수단이 될 수 있다. 반면 좌파자유주의와 마르크스주의 입장은 다르다. 이들은 인간 사회가 정치 수단으로서의 전쟁을 통해 손상을 입는다고 확신한다. 그러므로 전쟁은 결코 국가 정치의 수단이 되어서는 안 된다.

좌파자유주의와 마르크스주의의 군사주의 이해는 다시 기본 전제의 차이에 따라 두 진영으로 나뉜다. 이 둘을 구분하는 기준은 현재의 인간 사회, 즉 부르주아 사회에 대한 이해의 차이다. 좌파자유주의 진영은 전쟁이 부르주아 사회를 훼손하므로 전쟁을 배제해야 한다고 확신한다. 이와 달리 마르크스주의 진영은 부르주아 사회가 전쟁으로 훼손되지만, 동시에 부르주아 사회는 전쟁을 그 안에 품고 있다고 생각한다. 그러므로 이 이해에 따르면 부르주아 사회는 자신에게서 전쟁을 배제할 수 없다. 대신 전쟁은 부르주아 사회의 달갑지 않은 그림자를 만든다. 이를 통해 마르크스주의 진영은 좌파자유주의와는 다른 결론에 도달한다. 결론은 부르주아 사회의 점진적 개선이 아니라 부르주아 사회의 해체다.

지금까지 중요한 군사주의 개념들을 간략하게 살펴보았다. 이 개념들을 앞에 두고 지금까지의 논의와 사유는 어느 입장에 서 있는지 물을 때가 되었다. 그 결론은 분명하다. 전쟁은 부르

전쟁은 부르주아 사회의 제도 가운데 하나를 만들고, 법, 권력, 해방과 같은 부르주아 사회의 개념과 결합하며, '자기보존'이라는 부르주아 사회의 원칙에 기초하고, 부르주아 사회의 불안과 영웅에 의해 실행되며, 부르주아 사회의 탈세속 종교에서 연료를 얻는다. …… 그러므로 전쟁을 부르주아 사회가 품고 있는 필연적 어둠으로 이해하는 게 더 타당하다.

주아 사회의 타자가 아니다. 전쟁은 부르주아 사회의 제도 가운데 하나를 만들고, 법, 권력, 해방과 같은 부르주아 사회의 개념과 결합하며, '자기보존'이라는 부르주아 사회의 원칙에 기초하고, 부르주아 사회의 불안과 영웅에 의해 실행되며, 부르주아 사회의 탈세속 종교에서 연료를 얻는다. 곧, 지금까지의 논의를 통해 우리는 부르주아 사회가 군사주의적 상태라는 주장을 진지하게 받아들일 충분한 근거를 가졌다. 따라서 우리는 군사주의가 권력의 악마성이 낳은 결과이고, 양심적인 정치로 극복될 수 있다는 주장을 받아들일 수 없다. 마찬가지로 군사주의가 학습이 부족해 충분히 진보하지 못한 부르주아 사회 유아기의 질병이라는 주장도 받아들일 수 없다. 이 두 가지 주장 모두 주목할 만한 입장을 보여주지만, 전쟁으로 생기는 우리 생활 양식의 혼란을 제대로 포착하지는 못한다. 그러므로 전쟁을 부르주아 사회가 품고 있는 필연적 어둠으로 이해하는 게 더 타당하다.

이런 이해를 위한 과정에서 우리는 마르크스주의의 군사주의 이론을 비판적으로 살펴볼 필요가 있다. 이 이론은 기본적으로 카를 리프크네히트Karl Liebknecht와 로자 룩셈부르크Rosa Luxemburg가 정식화했다. 리프크네히트는 군사주의와 반군사주의에 관한 글 때문에 투옥되기도 했다. 그의 글은 세 가지 문제를 다룬다.[5] 외부로 향한 군사주의, 내부로 향한 군사주의, 그리고 군사주의의 일반적 사회 기능이다. 외부로 향한 군사주의는 외부의 적을 향한 부르주아 사회의 지향을 말한다. 내부로 향한 군사주의는 혁명 세력에 반대하는 지배 세력을 지지하는 것을 말한다. 이와 관련된 리프크네히트의 서술에는 많은 시대적 사건들이 삽입되어 있다. 그러나 핵심은 분명하다. 내부로 향한 군사주의는 "인민의 공적이고 사적인 모든 생활이 군사주의 정신으로 흘러넘치게 한다"[6]는 것이다. 일상 세계, 양육, 사고방식을 다양한 형태로 군사주의화하면서 내부의 상황을 안정화한다. 우리는 이 상황을 안토니오 그람시 Antonio Gramsci의 말을 빌려 '군사주의를 통한 사회 '헤게모니'[7]의 확보'라고도 부를 수 있다.

이런 사회적 복합체는 자신만의 동력을 갖는다. 여기서 우리는 이 복합체의 근본 특성에만 관심을 가질 것이다. 리프크네히트는 내외부적 군사주의가 얼마나 독립적으로 진행되는지를 강조했다. 외부에 있는 적과의 싸움은 포위, 동맹, 군비 확장을 통해 점점 더 확대된다. 군사주의 정신으로 사회를 완전히 적시는 일도 정적인 과정이 아니라 역동적으로 일어나는 과정이다. 이런 방식으로 정치의 도구인 전쟁이 점점 더 목적 그 자체가 되어간다.[8] 리터도 사실 비슷한 주장을 했다. 이를 막기 위해 양심적인 국가 기술 아래에 전쟁 기술을 의식적으로 두어야 한다고 주장했던 것이다. 그러나 리프크네히트의 관찰에 따르면 국가의 통치 기술 자체가 군사화된다. 첫째, 정부는 사회 위에 떠 있는 게 아니라 사회에 속하기 때문이다. 그러므로 내부적 군사주의는 정부도 군사화한다. 둘째, 정치의 도구로서의 전쟁은 전쟁에서의 활동만으로 국한되지 않기 때문이다. 오히려 전쟁은 군사화된 사회의 전체적 복합체를 포괄한다. 이 복합체는 전쟁 밖에서의 정부 활동에도 영향을 미친다.

이 모든 분석이 우리를 리프크네히트의 세 번째 주제, 군사주의의 일반적 사회 기능으로 안내한다. 이에 따르면 군사주의는 주장, 의향, 제도 들의 묶음 이상이며, 자신만의 고유한 사회 구성 방식을 만든다. 군사주의에 기초해 사회를 구성하는 것이 바로 군사주의의 일반적 기능이다. 우리 시대를 보면서 우리는 이 기능을 다음과 같이 재구성할 수 있다.

우리는 부르주아 사회를 흔히 '체계', '생활세계', '시민사회'라는 범주로 이해한다.[9] 국가, 법, 교육과 같은 '체계'들은 부르주아 사회에서 기능적 서비스를 제공한다. 부르주아 사회의 생활세계는 사람들의 소통 활동을 가능하게 하고, 소통의 형태를 만든다. 또한 시민사회는 생활세계와 이 체계들 사이에 다리를 놓는다. 리프크네히트의 생각에 따라 이렇게 말할 수 있다. 이 세 가지 분야 모두 군사화의 대상이다. 군사주의는 이 분야들을 모두 새로운 영역에 배치한다. 여기서 '시대전환'이라는 전쟁에 잠시 눈을 돌려보자. 전쟁의 시작과 함께 모든 체계들은, 국방 예산의 증가(국가)부터 러시아 학생들을 위한 장학금 중단(교육) 까지, 전쟁의 목표 아래 재편성되었다. 이 체계들은 각자의 기 능에 따라 스스로 이런 일들을 했다. 시민사회도 마찬가지다. 시민사회는 외부의 강제 없이 전쟁시민사회가 되었다. 전쟁시 민사회에서는 어느 편을 지지하느냐와는 상관없이 전쟁에 대한 자기 신조를 고백하는 일이 시민사회 활동의 전제조건이 된다. 사람들의 생활세계도 바뀌었다. 전쟁의 상징과 감정들이 생활 세계를 가득 채웠다.

이런 과정들이 다름 아닌 군사주의의 일반적 사회 기능을 의 미한다. 군사주의는 퍼레이드, 무공훈장 혹은 병영에서 터져 나 오는 함성에만 있는 것이 아니다. 전쟁을 정치 활동의 연장으로 끌어가기 위해 인간의 공동생활 곳곳에 투입된다. 군사주의는 자신의 투입을 통해 인간의 공동생활을 군사화된 관계 안에 더 강하게 통합한다. 즉, 군사주의와 인간의 공동생활이 하나의 매 듭으로 묶인다. 이렇게 전쟁에서 벗어나 있던 일탈적 생각, 행 동, 감정이 전체적으로 순화되어 통합되고, 대부분 강제 없이 오직 전쟁 정신으로 스스로 뛰어든다. 이런 방식으로 군사주의 는 사회 통합적 민간 형태들로 구성된 부르주아 사회를 다른 형태로 바꾸어놓는다.

군사주의의 사회 구성 기능이 부르주아 사회가 군사주의 없이 작동하지 않는다는 뜻을 내포하는 것은 아니다. 그렇기에 부르주아 사회의 기초 위에서 성공적으로 군사주의에 반대할 수도 있다고 생각할 것이다. 로자 룩셈부르크는 이런 환상에 대해 처음 반론을 제기했다. 룩셈부르크는 부르주아 사회가 끊임없이 필연적으로 군사화하는 것을 보여주었다. 룩셈부르크의 주장을 이해하려면 먼저 마르크스주의에서 가장 난해한 내용을 정리하고 이해하려고 시도해야 한다.[10] 마르크스에 따르면 분화된 체계들, 생활세계, 시민사회가 그냥 단순히 존재하는 게 아니다. 이 모든 것을 부르주아 사회 양식으로 만들어주는 단일한 기초가 존재하는데, 마르크스주의는 이 기초를 자본주의라고 보았다. 자본주의의 핵심은 자본의 축적에 있다. 자본의 축적이란 교환 가치를 끊임없이 쌓아 올리는 과정을 말한다. 그런데 자본의 축적은 두 지점에서 폭력과 연결된다.

두 지점은 가치 성장의 외부 관계와 관련된다. 하나는 역사적 외부 관계이고, 또 하나는 지리적 외부 관계다. 역사적 외부 관계는 자본 축적이 시작되던 시기를 말한다. 부르주아 사회 이전에는 사회적 토대로서의 자본 축적은 존재하지 않았다. 봉건 사회는 자본주의 사회와 다르게 작동했기 때문이다. 그래서 지속적인 자본 축적의 시동을 걸어줄 최초의 축적이 필요했다. 이를 원시 축적, 혹은 본원적 축적이라고 부른다. 이 본원적 축적은 폭력을 통해 이루어졌다.[11] 몰수, 추방, 전쟁을 통해 사람들은 자본주의 이전의 생활양식을 잃어버렸고 자신들의 노동력을 팔 수밖에 없게 되었다. 노동력은 자신이 가진 가치보다 더 많은 가치를 생산하는 유일한 가치이며, 그렇기 때문에 자본 축적을 끌어가는 동력이 된다. 마르크스는 이 과정이 근대 초기에 일어났다고 여겼다. 이것이 역사적 외부 관계다. 지리적 외부 관계는 자본주의 사회와 비자본주의 사회의 관계다.[12] 이 관계에서도 가치 교환의 법칙에 따라 비자본주의 사회의 자원과 생활 양식의 가치를 증식하면서 본원적 축적이 일어난다. 따라서 자본 축적의 지리적 외부 관계는 식민지화를 말한다. 잘 알려져 있듯이 식민지화도 군사적 폭력으로 실행되었다.

마르크스는 이 두 가지 지점에서 자본주의를 전쟁 폭력과 연결했다. 그러나 마르크스가 보기에 전쟁의 폭력이 미치는 범위는 여전히 제한되어 있었다. 역사와 지리적 맥락에서 발생한 본원적 폭력은 외부로만 향했던 것이다. 이와 반대로 자본의 내부 공간에서는 가치 성장이 폭력 없이 진행되는 것처럼 보였다. 실제 마르크스의 서술을 보면 자본주의가 한번 작동을 시작하면, 착취는 하지만 더는 폭력적 무기가 필요없다는 생각이 숨어 있다. 그렇게 볼 수도 있겠다. 사실 자본주의는 인간에 대한 인간의 폭력을 철저하게 동반한다. 그리고 이 폭력은 가치 증식이 일어나는 부르주아 사회 안에서 그 힘을 갖는다. 그러나 비록 자본주의가 노동력과 자연의 가치 증식, 즉 노동력과 자연에 대한 지배로 실현되지만, 원칙적으로 자본주의는 전쟁을 포기한다고 생각할 수도 있다. 여기서 시민적 착취와 시민적 평화는 모순되지 않는다.

로자 룩셈부르크는 바로 이 지점에서 마르크스주의의 아버지를 공격했다. 룩셈부르크는 본원적 축적이 특별한 단계가 아니라 자본주의의 기본 원칙이라는 것을 보여주었다. 가치가 증가하려면 자본이 재생산되어야 한다. 자본의 재생산은 다시 자연과 인간의 관계, 그리고 인간 사이의 관계에 달려 있다. 그러므로 자본의 재생산에는 경제적 특성 이외에도 언제나 '순수한 역사 사회적 요인들'[13]도 영향을 미친다. 이 말은 외부의 조건 없이 내부의 가치 생산 과정은 진행되지 않는다는 뜻이다. 자본주의는 언제나 외부 관계를 갖는다. 모든 자본주의적 관계는 가치 증식의 관계를 보여주므로, 자본주의 외부와의 관계 또한 가치 증식의 관계다. 이 가치 증식 과정에서 자본주의 사회는, 상품 교환 과정에 공급하기 위해, 외부에 있는 것을 자기 것으로 가져온다. 그러므로 본원적 축적을 지리적 혹은 역사적 문제로 축소할 수 없다. 본원적 축적은 가치 증식 과정의 일부다.[14] 이에 본원적 축적의 폭력은 자본주의 경제의 본질에 끊임없는 그림자를 드리운다.

그렇기 때문에 체계, 생활세계, 시민사회는 아름다워 보이지만 그 기반은 추악하다. 자본주의적 관계는 자본의 재생산을 위해서 다른 관계를 지속적으로 전유하려고 한다. 그리고 그 전유의 과정은 폭력으로 이루어진다. 이것이 고전적 제국주의 전쟁의 원인이었고, 오늘날 세계 질서 전쟁의 원인이다. 자본주의는 거대한 지역들, 국가들, 범죄 단체들 사이의 갈등 속에서 전쟁으로 자본의 재생산 조건들을 정렬하려고 한다. 여기서 동시에 룩셈부르크 개념의 맹점이 드러난다. 룩셈부르크는 자본주의가 언젠가 모든 관계를 병합할 것이고, 이후에는 붕괴될 수밖에 없다는 결론을 내렸다. 그러나 사실은 자본주의가 외부를 전유하기만 하는 게 아니다. 자본주의는 스스로 끊임없이 새로운 외부 관계를 만들어낸다. 세계의 전 지역이 지구적 자본주의에 의해 가치 내부와 가치 외부로 배치되었다. 말하자면 자본 축적의 내부와 외부로 배치되었다. 따라서 자본의 재생산은 끊임없이 더 높은 단계의 외부 관계를 만든다. 그러므로 부르주아 사회에서 자체 동력에 의한 자본주의의 붕괴는 기대할 수 없다. 그리고 자본의 재생산과 마찬가지로 자본주의의 전쟁 또한 계속된다.

　마르크스주의의 이런 복합적 사회 이해에서 군사주의를 사회를 구성하는 방식으로 이해할 수 있다. 전쟁은 경제적 토대를 유지하기 위해 전쟁을 수행해야만 하는 부르주아 사회로 사람들을 통합한다. 물론 부르주아 사회가 경제적 기본 토대와 거기서 나오는 강제성으로만 구성된 것은 아니다. 오히려 부르주아 사회는 법에서 종교에 이르기까지 서로 상반된 목표를 가진 요소들의 복합체다. 그러므로 언제나 부르주아 사회의 군사화에 반대하는 새로운 힘들이 부르주아 사회 내부에서 활발하게 활동한다. 그러나 결국 본원적 축적의 필연성이 이 상부구조들을 덮칠 것이다. 본원적 축적이 군사주의를 유지하게 한다. 따라서 군사주의는 익숙한 경제적 토대를 보장하기 위해 부르주아 사회를 끊임없이 새롭게 재배치한다.

　이제 "전쟁은 다른 수단을 이용한 정치적 왕래의 연장이다"라는 이 장의 첫 문장을 다시 살펴보자. 이 문장은 군사주의의 이런 사회 구성 기능을 정리하고 표현한 것에 지나지 않음을 알 수 있다. 이 문장은 전쟁을 시민적 삶의 연속으로 놓기 때문이다. 우리는 그 사이에 이 연속성의 사실적 이유를 알게 되었다. 바로 자본주의 경제의 유지가 그 이유다. 이렇게 이 문장은 의도치 않게 이 설명의 구조 안에 들어온다. 그러나 우리는 지금까지 이 문장에 담긴 고유한 의미 하나를 무시해왔다. 오직 이 문장만이 군사주의의 해악이 미치는 영향의 전체 범위를 분명하게 정해준다. 그 의미란 바로 인간 행위의 훼손이다. 끝으로 이 문제에 대해 생각해보자.

클라우제비츠의 이 문장 안에 행위 이론 전체가 숨어 있다는 것은 이미 오래전에 알려졌고, 이 사실은 행위 이론의 가치를 더 크게 만들어주었다.[15] 그 내용은 '반성적 판단력에서 나오는 반대 행위'라는 다소 버거운 표현으로 정리될 수 있다. 이 표현은 다음과 같은 의미다. 한나 아렌트로부터 우리는 아무도 혼자 행위하지 않는다는 것을 배웠다. 모든 행위는 다수의 행위자를 전제한다.[16] 이런 다수성은 행위자들이 능동적으로 서로 구별하기를 요구한다. 능동적으로 서로 구별한다는 말은 서로 대립하면서 구별한다는 것을 의미한다. 그러므로 반대 행위는 행위 현상의 필연적 일부다. 이런 반대 행위는 전쟁에서 가장 순수한 행태로 나타난다. 전쟁에서 반대 행위를 포기하면 죽을 수 있기 때문이다. 그래서 전쟁에서 반대 행위가 두드러지게 나타난다. 이것이 행위의 첫 번째 특성이다.

이 첫 번째 특성은 반성적 판단력이라는 두 번째 특성과 연결된다. 전쟁은 클라우제비츠가 '마찰Friktionen'이라고 이름 붙인 것의 영향을 받는다. 마찰이란 행위의 저지와 행위에 대한 저항을 가리킨다.[17] 마찰은 행위가 불가능한 상황을 분명하게 보여준다. 이런 마찰은 인간의 행위가 우연이나 상황에 따라 실패할 수 있다는 것을 보여준다. 이런 우연한 상황은 일반적 행위 상황에 적용될 법한 추상적 안내서로는 극복될 수 없다. 오히려 상황에 맞는 행위 가능성의 개발만이 마찰을 성공적으로 극복할 수 있다. 이 말을 전쟁에 적용하면 다음과 같다. 전쟁에서 행위를 방해하는 마찰이 생기면 사람들은 이미 주어진 규칙으로 사태를 정리하는 게 아니라, 거꾸로 사태로부터 행위의 지침이 될 수 있는 규칙을 모색한다. 칸트는 이런 능력을 '반성적 판단력'[18]이라고 불렀다. 반성적 판단력도 전쟁에서 가장 순수한 특성을 보인다. 전쟁에서의 실패는 자신의 목숨을 위협하기 때문이다.

여기까지가 전쟁의 행위 이론이다. 즉, 전쟁에서의 행위는 반성적 판단력에서 나오는 반대 행위다. 이 이론의 핵심은 다원성과 투쟁으로 전쟁을 재해석하는 것이다. 행위 안에 타인의 행위에 대한 적극적 구별이 포함된다는 말은 옳은 말이다. 또한 행위는 상황에서 행위 규칙을 만들어낸다는 것도 맞는 말이다. 그러나 여기서 바로 전쟁의 반대 행위가 결론으로 도출되지는 않는다. 반성적 판단력은 공통감Gemeinsinn을 요구하기 때문이다.[19] 공통감 또한 칸트의 개념이지만, 칸트는 지금 우리 논의와는 완전히 다른 목적을 위해 이 개념에 몰두했다. 실제로 반성적 판단력에 공통감이 필요한 근거는 다음과 같다. 누구도 혼자 행동하지 않으므로 행위 규칙들은 사적 규칙이 아니다. 이 규칙들은 원칙적으로 공유된 규칙이다. 따라서 모든 행위 규칙들은 기본적으로 다른 행위자들의 동의를 전제한다. 여기서 이런 결론이 나온다. 어떤 상황에서 행위 규칙을 탐색하는 일은 타인의 (가상적인) 동의를 포함한다. 바로 이것이 공통감이다. 어떤 상황에서, 마치 그 상황에서는 모두가 취할 것 같은 행동을 취하는 것이다. 그러므로 반성적 판단력은 반대 행위와 아무 관련이 없으며 오히려 공통감에서 나오는 공동의 행위를 전제한다.

이런 사태에서 행위의 다원성은 명백해진다. 다원성도 공통감에서 나오는 공동 행위의 특성이다. 이 공동 행위는 결정된 것이 아니다. 모든 행위는 자신들의 상황 극복 방식이 틀릴 수 있다는 것을 안다. 따라서 다른 행위의 동의를 강요할 수 없다. 동의는 여전히 가상의 동의에 머문다. 그러므로 모든 행위는 투쟁으로 이어질 수 있다. 그런 식으로 투쟁은 공통감의 일부가 된다. 더 나가서 행위가 공통감에서 나왔다는 것만으로도 투쟁은 존재할 수 있다. 결론적으로 상황 극복을 둘러싼 투쟁은 원칙적으로 타인의 동의를 전제할 때만 의미가 있다. 그렇지 않다면 차이는 중요하지 않게 될 것이다. 이런 상관관계의 결과로, 모든 개별 행위는 자신과 다른 행위가 차이가 있고, 동시에 연결되어 있다는 것을 안다. 이 두 가지는 전제조건인 공통감에 모두 포함되어 있다.

전쟁은 이 모든 것을 포기한다. 전쟁은 공동 행위를 반대 행위 안에서 분해하고 모든 행위의 전제인 공통감을 잃어버린다. 이렇게 클라우제비츠로부터 나온 행위 이론은 행위 파괴의 이론으로 밝혀진다. 행위 파괴와 함께 이 이론은 전쟁의 비밀을 발설한다. 전쟁은 행위가 불가능한 공간이다. 전쟁에서 행위는 단순한 도구적 행동으로 분해되어버린다. 행동은 진정 도구일 뿐이다. 따라서 군사주의는 인간의 공동 행위를 무력하게 만드는 사회 형태를 구성한다. 그러나 인간의 실질적 자유는 행위와 결합되어 있다. 결국 우리는 이런 결론에 도달할 수밖에 없다. 군사주의는 근본적 예속의 상태다.

철학, 전쟁을 부정하다

지금까지 열 가지 주제 아래 전쟁을 성찰했다. 이 가운데 아홉 개는 아포리아로 이어졌다. 세계사는 체념으로, 법은 운명으로, 권력은 악으로, 해방은 지배로, 자기보존은 자해로, 영웅주의는 독선으로, 제도는 무방비 상태로, 불안은 소멸로, 종교는 폭력으로 흘러갔다. 그리고 마지막 열 번째 관점에서 이 모든 아포리아의 일반적 사회 구성 형태, 즉 인간의 공동 행위를 질식시키는 군사주의를 분명하게 표현했다.

이 특성들은 아포리아로 흘러가므로 전쟁을 부정한다. 그러나 이 특성들은 외부의 관점에서 전쟁을 부정하는 것이 아니다. 이 개념들은 구체적인 전쟁이 만드는 사회적 복합체 내부에서 나온다. 여기서 구체적 전쟁 복합체란 '시대전환적' 전쟁을 말하며, 이 전쟁은 세계사적 의미, 법적 정당성, 권력, 해방시키는 힘, 그리고 영웅적 가치를 주장한다. 이 복합체는 한계상황,

절망, 정체성의 양자택일로 변해버리는 자신의 탈세속적 종교성, 불안, 제도도 보여준다. 그렇게 전쟁의 특성들은 그 자체의 요구에서 생겨난다. 그러므로 이 특성들의 전쟁 부정은 외부가 아닌 내부에서 나온다. 이 특성들은 전쟁을 보여주면서 전쟁을 부정한다. 군사주의를 보여주면서 반군사주의를 드러낸다.

추상적 부정과 규정된 부정

내부에서 나오는 부정이라는 특성이 우리가 사용하는 방법론의 원리를 이끌어준다. 헤겔은 '추상적 부정abstrakte Negation'과 반대 개념으로 사물 내부로부터의 부정을 '규정된 부정bestimmte Negation'이라고 불렀다. 그러므로 추상적 부정이란 사물의 본질적 특성과 관련을 맺지 않고, 고정된 외부의 관점에서 사물에 접근해 사물과 다투는 것이다. 이런 외부의 관점에서 전쟁 거부를 말하는 것도 드물지 않다. 외부의 관점에서 전쟁을 부정할 때, 단지 거부의 관점이 외부에만 머문다는 점을 제외하면, 딱히 비난할 만한 것은 없다. 사람들은 일반적으로, 다시 말해 '추상적으로' 전쟁이 나쁜 것임을 알고, 전쟁에 '아니오'라고 말한다. 이런 추상적 부정은 부정의 대상을 제대로 이해하는 것을 막는다. 그러므로 추상적 부정은 무지하고, 순진하며, 자의적인 것으로 쉽게 훼손될 수 있다. 그렇다면 전쟁을 찬성하는 쪽과 전쟁을 반대하는 쪽이 서로 맞서고, 힘이 센 쪽이 이길 것이다.

전쟁에 대한 규정적 부정은 완전히 다르게 실행된다. 규정적 부정은 사태에 대한 이해에서 이 부정을 얻었다고 주장하면서, 사태 이해를 위한 태도를 추가해 보여주지 않는다. 여기서는 사태 이해가 동시에 사태 부정을 의미한다. 이럴 때는 강한 쪽이 이기는 것이 아니라, 오히려 적절한 사태 이해가 더 큰 영향력을 얻는다. 의견의 충돌 대신 사태 인식에 대한 충돌이 일어날 것이다. 따라서 논쟁은 '규정적 부정이 실제 그 사태를 이해했는가'라는 질문으로 바뀔 것이다. 올바른 태도에 대한 질문이 아니라 사태 이해에 관한 이 질문이 논쟁을 규정할 것이다.

이 열 가지 규정이 실제로 전쟁을 이해했는지 여부는 당연히 내가 결정할 수 없고, 논쟁해야 할 문제다. 그러나 이 주장들은 적절한 내용과 설명에 기초한다. 그래서 이 열 가지 규정은 전쟁에 대한 규정적 부정을 취한다. 또한 규정적 부정의 또 다른 면이 이 열 가지 규정을 위해 중요하다. 어떤 대상이 적절한 서술을 통해 부정된다면, 이 부정의 서술은 동시에 이 사물의 극복을 의미한다. 따라서 군사주의에 대한 규정적 부정 서술은 최소한 군사주의가 만드는 복합 구조 너머에 있는 것을 인식할 수 있는 아이디어를 제공할 수 있어야 한다. 그렇게 군사주의에 관한 서술은 반군사주의뿐만 아니라, 군사주의의 극복 상태까지 아우르는 일이다. 이 극복 상태의 익숙한 이름은 '평화'다.

전쟁의 부정, 평화의 긍정

평화에 대해서는 지금까지 거의 말하지 않았다. 여기서 전쟁을 부정하는 것은 평화를 긍정하는 것을 포함한다. 그러나 사람들은 평화의 내용에 대해 말하기를 주저한다. 이런 주저함은 평화가 허무맹랑한 이야기에 불과하다는 뜻일 수도 있다. 평화를 지향하다 보면 인간 존재의 현실을 놓칠 수도 있을 것이다. 그리고 전쟁의 필요성을 명확하게 인지하는 것보다 더 나쁜 결과를 낳을 수도 있을 것이다. (그러나 전쟁의 필요성은 세계에 너무 많은 고통을 가져왔으므로, 허무맹랑한 이야기가 더 나쁜 결과를 낳지는 않을 것이다.) 그러나 실제 상황은 다르다. 사람들이 평화에 대해 말하지 않고 전쟁에 대해 침묵하지 않는 이유는 단순하다. 평화 이야기는 순식간에 유치하고 감상적인 이야기로 흘러가기 때문이다. 오직 신학적으로만 부끄러움 없이 이런 말들을 할 수 있다. "늑대와 양이 함께 풀을 뜯고, 사자는 소처럼 짚을 먹으며, 뱀은 흙을 먹을 것이다." 혹은, "평화를 이루는 사람은 복을 받을 것이다. 그들은 하느님의 자녀라고 불릴 것이다." 앞뒤에 분리할 수 없는 논의가 담긴 신학적 담론에서 이 이야기만 쏙 빼내오면 이렇게 감상적인 이야기가 되고 만다.

이런 이유로 반군사주의라는 부정이 전쟁에 대한 의미 있는 담론의 가장 큰 가능성을 표현한 것처럼 보인다. 하지만 그렇다고 해서 사람들이 자신들의 관점에 대해 어떤 진술도 할 수 없다는 뜻은 아니다. 우리는 군사주의가 공동 행위를 근본적으로 차단하는 것을 보았다. 군사주의를 부정하는 것은 이런 차단을 근본적으로 부정하는 것이다. 여기서 반군사주의의 관점이 생겨난다. 그것은 자유로운 공동 행위의 근본적 가능성을 지향한다. 이것은 결코 작은 일이 아니다. 자유로운 공동 행위는 한편으로 자신의 실행 형태에 관한 정보를 제공하고 다른 한편으로 삶의 형태를 미리 보여준다. 이 삶의 형태를 위해 자유로운 공동 행위는 군사주의의 그림자가 드리워진 부르주아 사회를 극복하려고 애쓴다. 실행 형태와 삶의 형태 두 가지 모두 공동 행위의 뿌리가 된다. 그러나 그것의 실행 방법은 정치적 판단력의 가장 중요한 문제가 될 것이다.

여기서 평화라는 아이디어에 담긴 의미가 머릿속에 떠오르게 된다. 그 착상은 자유로운 공동 행위가 성공할 때 나타날 영역의 윤곽을 그려줄 것이다. 그 윤곽을 그려주는 일 이상은 할 수 없다. 그러나 자유로운 공동 행위는 새로운 최종 생각을 만든다. 이 최종 생각 안에서 자신의 미래를 잊지 않고, 군사주의적 현재의 부정으로부터 미래의 윤곽을 제시하는 세계사의 탈주선들이 만날 것이다. 그렇게 시대전환 전쟁이 반복해서 보여주는 붕괴된 체념의 세계사는 미래 세계사를 미리 보여주면서, 즉 선취하는 세계사로 극복될 것이다.

프롤로그

1. 이미 다른 곳에서 발표했던 글과 생각들은 대부분 반복하지 않을 것이다. 다음 글들은 특별히 읽을 만한 가치가 있다. 특히 두 번째 글에는 법과 권력에 관한 풍부한 추가 성찰이 담겨 있다. Kriegszivilgesellschaft, in: *Merkur* 878 (Juli 2022), S. 55–64; Bedingungen für Krieg, in: *Merkur* 890 (Juli 2023), S. 57–69. 종교 개념에 대해서는 필자의 다음 글을 참고하라. Glauben und Wissen, in: *Merkur* 848 (Januar 2020), S. 45–54. 그리고, 모든 것의 배후에 있는 위기 개념에 대해서는 필자의 다음 글을 참고하라. Die enggeführte Krise, in: *Merkur* 860 (Januar 2021), S. 61–71.

1장 세계사

1. Georg Wilhelm Friedrich Hegel, *Grundlinien der Philosophie des Rechts* § 340.(게오르크 헤겔, 임석진 옮김, 《법철학》, 한길사, 2008년).
2. 같은 책 § 345.
3. 이 모든 표현은 독일 총리 올라프 숄츠(Olaf Scholz)가 아래 기고문에 쓴 것이다. *Foreign Affairs* 102 (2023), Nr. 1. 숄츠 총리는 시대전환이라는 단어를 2022년 2월 27일 국정 설명회에서 처음 사용했다. 러시아가 우크라이나를 침공한 지 불과 3일이 지난 시점이었다.
4. Johann Wolfgang Goethe, Campagne in Frankreich 1792, in: ders., *Sämtliche Werke nach Epochen seines Schaffens* (Münchner Ausgabe) 14, München 1986, S. 335–516, hier: S. 385.
5. Georg Wilhelm Friedrich Hegel, *Vorlesungen über die Philosophie der Geschichte* (=Jubiläumsausgabe XI), Stuttgart 1928, S. 49.(게오르크 헤겔,

권기철 옮김, 《역사철학강의》, 동서출판사, 2021년).

6. Hegel, *Grundlinien der Philosophie des Rechts* § 342.

7. Hegel, *Philosophie der Geschichte*, S. 46; ferner S. 92.

8. Dieter Henrich, Was ist Metaphysik—was Moderne? in: ders., *Konzepte. Essays zur Philosophie in der Zeit*, Stuttgart 1987, S. 11–43, hier: S. 26 ff.

9. August von Cieszkowski, *Prolegomena zur Historiosophie*, Berlin 1838, S. 9 ff.; Moses Hess, *Die europäische Triarchie*, Leipzig 1841, S. 12 ff.

10. Friedrich Schiller, Resignation, in: ders., *Nationalausgabe* 2/I, Weimar 1983, S. 401–403.

11. 이 문제에 대해서는 다음 글을 참고하라. Eberhard Jüngel, "*Die Weltges chichte ist das Weltgericht*" *aus theologischer Perspektive*, in: Rüdiger Bubner und Walter Mesch (Hrsg.), *Die Weltgeschichte-das Weltgericht? Stuttgarter Hegel-Kongreß* 1999, Stuttgart 2001, S. 13–33.

12. Karl Marx, Der achtzehnte Brumaire des Louis Bonaparte, in: *Marx-Engels-Werke 8*, Berlin 1968, S. 111–207, hier: S. 115.(카를 마르크스, 최형익 옮김, 《루이 보나파르트의 브뤼메르 18일》, 비르투 출판사, 2012년)

2장 법

1. Markus C. Schulte von Drach, Welches Völkerrecht darf 's denn heute sein? in: *Die Zeit* vom 21. März 2014.

2. Jürgen Habermas, *Zeit der Übergänge. Kleine Politische Schriften IX*, Frankfurt am Main 2001, S. 26.

3. Platon, *Alkibiades*(알키비아데스) I 109 c 1–5.(플라톤, 천병희 옮김, 《플라톤 전집 VII》, 숲, 2016년). 이 대화의 진위는 여전히 논쟁 중이다.

4. *Alkibiades* I 118 a 4 ff.

5. 이 주제에 대한 고전적 연구는 다음과 같다. Felix Heinimann, *Physis und Nomos. Herkunft und Bedeutung einer Antithese im griechischen Denken des 5. Jahrhunderts*(=Schweizerischc Beiträge zur Altertumswissen schaft 1), Basel 1945.

6. 이 개념은 하버마스의 지평을 분명하게 정해준다. Jürgen Habermas, *Faktizität und Geltung. Beiträge zur Diskurstheorie des Rechts und des demokratischen Rechtsstaats*, Frankfurt am Main 1992.(위르겐 하버마스, 한상진, 박영도 옮김, 《사실성과 타당성》, 나남, 2007년)

7. 국제 법원의 규범으로서의 세계시민성에 대해서는 다음 글을 참고하라. Armin von Bogdandy und Ingo Venzke, *In wessen Namen? Internationale Gerichte in Zeiten globalen Regierens*, Berlin 2014, S. 196 ff. und S. 290 ff.

8. Immanuel Kant, Idee zu einer allgemeinen Geschichte in weltbürgerlicher Absicht, sowie ders., Zum Ewigen Frieden, beides in: ders., *Akademie-Ausgabe VIII*, Berlin 1923, S. 15–31, zumal S. 24 ff., bzw. S. 341–386, zumal S. 383 ff.(이마누엘 칸트, 강영계 옮김, 《영원한 평화를 위해》, 지식을만드는지식, 2015년)

9. Njoki Wamai, International Relations and the International Criminal Court, in: Nic Cheeseman u. a. (Hrsg.), *The Oxford Handbook of Kenyan Politics*, Oxford 2020, S. 562–575.

10. Andreas Gryphius, Uber den Untergang der Stadt Freystadt, in: ders., *Gesamtausgabe der deutschsprachigen Werke III*, Tübingen 1964, S. 171–173, hier: S. 172.

11. Carl Schmitt, *Der Begriff des Politischen. Text von 1932 mit einem Vorwort und drei Corrolarien*, [3]Berlin 1991, zumal S. 45 ff.(카를 슈미트, 김효전·정태호 옮김, 《정치적인 것의 개념》, 살림, 2012년) ; ders., *Der Nomos der Erde im*

철학은 왜 전쟁을 부정하는가

206

Völkerrecht des Jus Publicum Europaeum, [5]Berlin 2011, S. 112 ff.; Hanno Kesting, *Geschichtsphilosophie und Weltbürgerkrieg. Deutungen der Geschichte von der Französischen Revolution bis zum Ost-West-Konflikt*, Heidelberg 1959.

12. 아래 책은 몇 가지 혼동에서 불구하고 생각할 만한 가치가 있다. Robert Kurz, *Weltordnungskrieg. Das Ende der Souveränität und die Wandlungen des Imperialismus im Zeitalter der Globalisierung*, Neuauflage Springe 2021.

13. Carl Schmitt, *Die Wendung zum diskriminierenden Kriegsbegriff*, [4]Berlin 2007.

14. Hermann Klenner, *Vom Recht der Natur zur Natur des Rechts*(=Staats- und rechtstheoretische Studien 14), Berlin 1984, S. 200. Ferner ders., Menschenrechte als Maß für Intervention und Kooperation, in: ders., *Marxismus und Menschenrechte*. Studien zur Rechtsphilosophie, Berlin 1982, S. 159-201.

15. Walter Benjamin, Zur Kritik der Gewalt, in: ders., *Gesammelte Schriften II/1*, Frankfurt am Main 1977, S. 179-203, hier: S. 181 ff.(발터 벤야민, 최성만 옮김, 《발터 벤야민 선집 05 - 역사의 개념에 대하여/폭력비판을 위하여/초현실주의 외》, 길, 2008년)

16. Ibidem, S. 196.

3장 권력

1. 이에 관한 존 미어샤이머의 설명들이 잘 알려져 있다. John J. Mearsheimer, Playing with Fire in the Ukraine, in: *Foreign Affairs* 101 (2022), Nr. 5, sowie bereits ders., Why the Ukraine Crisis is the West's Fault, in: *Foreign Affairs* 93 (2014), Nr. 5. 이 설명의 이론적 틀은 다음의 책을 참고하라. ders., *The Tragedy of Great Power Politics*, New York 2001.

2. Isaiah Berlin, Realism in Politics, in: ders., *The Power of Ideas*, Princeton

2000, S. 134–142, hier: S. 134.

3. Leopold von Ranke, Die großen Mächte, in: ders., *Die großen Mächte. Politisches Gespräch*, Frankfurt am Main und Leipzig 1995, S. 9–70, hier: S. 10.(레오폴트 폰 랑케, 이상신 옮김, 《강대세력들·정치대담·자서전》, 신서원, 2014년)

4. Ibidem, S. 68 f.

5. 이 긴장이 데히오의 책의 주제였다. Ludwig Dehio, *Gleichgewicht oder Hegemonie. Betrachtungen über ein Grundproblem der neueren Staatengeschichte. Mit einem Nachwort von Klaus Hildebrand*, Zürich 1996 (Erstauflage 1948).

6. Paul Kennedy, *The Rise and Fall of the Great Powers. Economic Change and Military Conflict from 1500 to 2000*, New York 1987.(폴 케네디, 이일주 옮김, 《강대국의 흥망》, 한국경제신문사, 1990년)

7. Peter Hacks, Jona, Beiwerk und Hintersinn, in: ders., *Jona. Trauerspiel in fünf Akten*, Berlin und Weimar 1989, S. 99–133, hier: S. 101 und S. 102.

8. Johann Wolfgang Goethe, Gespräch mit Friedrich Wilhelm Riemer vom 13. Dezember 1806, in: Woldemar von Biedermann (Hrsg.), *Goethes Gespräche II*, Leipzig 1889, S 121.

9. Ekkehart Krippendorff, Staat und Krieg. Die historische Logik politischer Unvernunft, Frankfurt am Main 1985; ders., *"Wie die Großen mit den Menschen spielen". Versuch über Goethes Politik*, Frankfurt am Main 1988; ders., *Militärkritik*, Frankfurt am Main 1993; ders., *Goethe. Politik gegen den Zeitgeist*, Frankfurt am Main 1999; ders., *Kritik der Außenpolitik*, Frankfurt am Main 2000.

10. 프리드리히 마이네케가 이 주제를 체계적으로 다루었다. Friedrich Meinecke, *Weltbürgertum und Nationalstaat. Studien zur Genesis des deutschen Nationalstaates*(=Werke V), München 1963.(프리드리히 마이네케, 이상신 · 최호근

옮김, 《세계시민주의와 민족국가─독일 민족국가의 형성에 관한 연구》, 나남, 2007년)

11. Jacob Burckhardt, Über das Studium der Geschichte, in: ders., *Kritische Gesamtausgabe X*, München/Basel 2000, S. 354–558, hier: S. 371 ff 잠재력 이론에 대해서는 다음을 참고하라. Jürgen Osterhammel, *Jacob Burckhardts "Über das Studium der Geschichte" und die Weltgeschichtsschreibung der Gegenwart*(=Jacob–Burckhardt–Gespräche auf Castelen 36), Basel 2019, S: 55 ff.덧붙여 언급하자면, 데히오의 균형과 헤게모니에 대한 사유도 부르크하르트를 인용하면서 끝을 맺는다. Dehio, op. cit., S. 375 ff.

12. Ibidem, S. 410.

13. Lionel Gossman, *Basel in the Age of Burckhardt. A Study in Unseasonable Ideas*, Chicago 2000.

14. Burckhardt, op. cit., S. 419.

4장 해방

1. Friedrich Nietzsche, Jenseits von Gut und Böse, in: ders., *Kritische Gesamtausgabe* VI/2, Berlin 1968, S. 3–255.(프리드리히 니체, 김정현 옮김, 《선악의 저편·도덕의 계보》, 책세상, 2002년)

2. Karl Löwith, *Nietzsches Philosophie der ewigen Wiederkehr des Gleichen*, Stuttgart 1956, S. 31 ff.

3. Friedrich Nietzsche, *Die fröhliche Wissenschaft*(=Kritische Gesamtausgabe V/2), Berlin/New York 1973, S. 256 ff.(프리드리히 니체, 안성찬 옮김, 《즐거운 학문·메시나에서의 전원시》, 책세상, 2005년)

4. Michel Foucault, *Du gouvernement des vivants. Cours au Collège de France* (1979–1980), Paris 2012, S. 92 ff.

5. Friedrich Nietzsche, Ueber Wahrheit und Lüge im aussermoralischen

Sinne, in: ders., *Kritische Gesamtausgabe III/2*, Berlin/New York 1973, S. 367–384, hier: S. 374.

6. Nietzsche, *Die fröhliche Wissenschaft*, S. 323. 이 시의 의미에 대해서는 다음을 참고하라. Walter Schulz, *Subjektivität im nachmetaphysischen Zeitalter*, Pfullingen 1992, S. 213 ff.

7. Alfred Baeumler, *Nietzsche der Philosoph und Politiker*, Leipzig 1931, S. 62 ff.

8. Antonio Negri und Michael Hardt, *Empire*, Cambridge, Mass. 2000.(안토니오 네그리, 마이클 하트, 윤수종 옮김, 《제국》, 이학사, 2001년)

9. Ibidem, S. 54 ff.

10. Karl Marx, Der achtzehnte Brumaire des Louis Bonaparte, in: *Marx-Engels-Werke 8*, Berlin 1968, S. 111–207, hier: S. 196. 두더지 비유의 발전에 관해서는 다음을 참고하라. Karlheinz Stierle, Der Maulwurf im Bildfeld. Versuch zu einer Metapherngeschichte, in: *Archiv für Begriffsgeschichte 26* (1982), S. 101–143.

11. Hardt und Negri, op. cit., S. 57 ff.

12. Michel Foucault, Une esthétique de l'existence, in: ders., *Dits et écrits IV*, Paris 1994, S. 730–734. Ferner ders., *Le souci de soi. Histoire de la sexualité III*, Paris 1984, zumal S. 55 ff.(미셸 푸코, 이혜숙·이영목 옮김, 《성의 역사 3: 자기 배려》, 나남, 2020년)

13. Martin Schulze Wessel, *Der Fluch des Imperiums. Die Ukraine, Polen und der Irrweg in der russischen Geschichte*, München 2023, S. 14. 이 서문이 책 전체 내용을 규정한다.

14. Günter Bartsch, *Revolution von rechts? Ideologie und Organisation der Neuen Rechten*, Freiburg 1975, S. 53 ff.; Reinhard Opitz, *Faschismus und Neofaschismus II*, Köln 1986, S. 105 ff.

15. Alfred Mechtersheimer, Nation und Internationalismus. Über nationales

Selbstbewußtsein als Bedingung des Friedens, in: Heimo Schwilk und Ulrich Schacht (Hrsg.), *Die selbstbewußte Nation. "Anschwellender Bocksgesang" und weitere Beiträge zu einer deutschen Debatte*, Berlin 1994, S. 345–363. 우리 시대에는 특히 '국가 정치 연구소(Institut für Staatspolitik)'에서 우파 반제국주의 입장을 볼 수 있다. 이 연구소의 기본 방향은 다음 글을 참고하라. Benedikt Kaiser, Die offenen Flanken des Antiimperialismus, in: *Sezession 71* (2016), S. 14–17.

16. NoViolet Bulawayo, *Glory*, London 2022, S. 394 ff.

5장 자기보존

1. Wilhelm Dilthey, Die Autonomie des Denkens, der konstruktive Rationalismus und der pantheistische Monismus nach ihrem Zusammenhang im 17. Jahrhundert, in: ders., *Gesammelte Schriften II*, Leipzig und Berlin 1921, S. 246–296, hier: S. 283 ff.

2. Thomas Hobbes, *Leviathan XIII*(토머스 홉스, 진석용 옮김, 《리바이어던》, 나남, 2008년); ders., *De Cive* I, 12–13.(토머스 홉스, 이준호 옮김, 《시민론》, 서광사, 2013년)

3. Bernard Willms, *Thomas Hobbes. Das Reich des Leviathan*, München 1987, S. 71–88.

4. *De Cive* IV, 7.

5. Baruch de Spinoza, *Ethica III*, Propositio VI.(바뤼흐 스피노자, 강영계 옮김, 《에티카》, 서광사, 2007년)

6. *Ethica I*, Propositio XV.

7. Carl Schmitt, *Der Leviathan in der Staatslehre des Thomas Hobbes. Sinn und Fehlschlag eines politischen Symbols* (1938). *Mit einem Anhang und einem Nachwort des Herausgebers Günter Maschke*, Köln 1982.

8. Baruch de Spinoza, *Tractatus politicus II*, 17.(바뤼흐 스피노자, 최형익 옮김,

9. Antonio Negri, *L'anomalia selvaggia. Saggio su potere e potenza in Baruch Spinoza*, Mailand 1981; ders. und Michael Hardt, *Empire*, Cambridge, Mass. 2000, insbes. S. 60 ff. und S. 292 ff.

10. Dieter Henrich, Die Grundstruktur der modernen Philosophie, und ders., Selbstbewußtsein und Selbsterhaltung, beides in: ders., *Selbstverhältnisse. Gedanken und Auslegungen zu den Grundlagen der klassischen deutschen Philosophie*, Stuttgart 1987, S. 83–108 und S. 109–130.

11. 자기보존 추구, 세계 지배, 주체 지배의 연결은 호르크하이머와 아도르노가 제2차 세계 대전 중에 발견했던 계몽 변증법의 핵심이다. 다음을 참고하라. Max Horkheimer und Theodor W. Adorno, Dialektik der Aufklärung. Philosophische Fragmente, in: Max Horkheimer, *Gesammelte Schriften V*, Frankfurt am Main 1987, S. 13–290, zumal S. 25–66(테오도르 W. 아도르노, M. 호르크하이머, 김유동 옮김, 《계몽의 변증법》, 문학과지성사, 2001년). 다음 글도 참고하라. Vernunft und Selbsterhaltung, in: op. cit., S. 320–350.

12. Jürgen Habermas, Kommunikatives Handeln und detranszendentalisierte Vernunft, in: ders., *Philosophische Texte. Studienausgabe II*, Frankfurt am Main 2009, S. 146–207, hier: S. 149 ff.

13. Rainer Forst, Moralische Autonomie und Autonomie der Moral. Zu einer Theorie der Normativität nach Kant, in: ders., *Das Recht auf Rechtfertigung*, Frankfurt am Main 2007, S. 74–99.

14. Michel Foucault, L'éthique de souci de soi comme pratique de liberté, in: ders., *Dits et écrits IV*, Paris 1994, S. 708–729; ders., *L'histoire de la sexualité III. Le souci de soi*, Paris 1997.

15. Sigmund Freud, Jenseits des Lustprinzips, in: ders., Gesammelte Werke

XIII, London 1940, S. 1−69, zumal S. 57 ff.(지그문트 프로이트, 강영계 옮김, 《쾌락 원리의 저편》, 지식을만드는지식, 2021년). 다음 자료도 참고하라. ders. Warum Krieg? in: ders., *Gesammelte Werke XVI*, London 1950, S. 11−27, hier: S. 22.(지그문트 프로이트, 김석희 옮김, 《문명 속의 불만》, 열린책들, 2020년)

16. 한스 에벨링의 자기보존과 전쟁을 연결하려던 주목할 만한 시도는 오늘날에는 특이한 주석으로만 인용될 수 있다. 1979년 나토의 이중 결정 시기에 에벨링은 하이데거 철학의 어휘들로 '자기보존' 개념을 부풀렸고, 현대 기술 문명 전체를 가리키는 하이데거의 '몰아세움(Gestell)' 옆에 무장을 존재적으로 이해하려는 '구조물(비계, Gerüst)'을 나란히 세웠다. 이에 맞추어 에벨링의 작품들은 이 구조물들에 맞설 수 있는 독일 민족의 노래를 불렀다. 하이데거는 유럽이 러시아와 미국의 손아귀에 놓여 있다고 썼고, 하이데거가 보기에 독일 파시즘, 즉 '운동의 진리'는 그 손아귀에서 벗어나려는 실패한 시도였다. 에벨링은 이 과제를 독일 평화 운동에 맡겼다. Hans Ebeling, *Rüstung und Selbsterhaltung. Kriegsphilosophie*, Paderborn 1983; ders., *Gelegentlich Subjekt. Gesetz: Gestell: Gerüst*, Freiburg/München 1983; ders., *Neue Reden an die deutsche Nation? Vom Warencharakter des Todes*, Freiburg/ München 1984. 그 내용을 하나만 살펴보자. "전쟁 역사에서 가장 과도한 군사 장비들이 충분한 저항을 받지 않으면서 우리 영토로 진입하고 있다. …… 독일 민족의 상황과 관련하여 나는 민족주의와 반민족주의의 영향을 받지 않고, 이성과 저항의 관계라는 정치 부분만 중요하게 여긴다. …… 1807년보다 훨씬 더 나쁜 상황에 처한, 즉 죽음에 점령당한 나라인 알려지지 않은 독일이 강제된 체제의 경계에 따라 서쪽과 동쪽에 자리 잡고 있다. 이것만큼은 확실하다. 헤게모니 권력들에 대한 맹목적 복종의 지속이 아니라, 즉각적이지만 대단히 신중한 소탕을 통해서만 구원할 수 있는 것이 커질 것이다."(*Neue Reden*, S. 5 f.).

6장 영웅

1. Bertolt Brecht, Legende vom toten Soldaten, in: ders., *Die Gedichte*, Frankfurt am Main 1981, S. 256.(베르톨트 브레히트, 신현철 옮김, 《죽은 병사의 전설》, 시민, 1991년)

2. Karl Schlögel, Bomben auf die Mutter der russischen Städte, in: *Frankfurter Allgemeine Zeitung* vom 12. März 2022; Herfried Münkler, Mit politischer Romantik ist niemandem geholfen, in: *Frankfurter Allgemeine Zeitung* vom 16. März 2022.

3. *Ilias V*, 890 (샤데발트(Schadewaldt)의 번역을 사용했다).(호메로스, 천병희 옮김, 《일리아스》, 숲, 2015년)

4. Karl Reinhardt, Die Krise des Helden, in: ders., *Tradition und Geist. Gesammelte Essays zur Dichtung*, Göttingen 1960, S. 420-427.

5. Werner Sombart, *Helden und Händler*, München und Leipzig 1915.

6. Ernst Jünger, Der Kampf als inneres Erlebnis, sowie ders., Die Totale Mobilmachung, ders., *Sämtliche Schriften VII*, Stuttgart 1980, S. 9-103, bzw. S. 119-142; ders., Der Arbeiter. Herrschaft und Gestalt, in: ders., *Sämtliche Schriften VIII*, Stuttgart 1981, S. 9-317.

7. Jünger, Der Arbeiter, S. 70.

8. Werner Best, Der Krieg und das Recht, in: Ernst Jünger (Hrsg.), *Krieg und Krieger*, Berlin 1930, S. 135-161.

9. Armin Mohler, *Die Konservative Revolution in Deutschland 1918-1932. Ein Handbuch*, Darmstadt 1989, S. 123 ff. 슈테판 브로이어의 책(Stefan Breuer, *Anatomie der Konservativen Revolution*, Darmstadt 1993)도 여기에 맹점이 있다. 이 책은 도입부에서 사고 형태들을 충분히 다루지 못했고, 그래서 정치-사회적 프로그램에 갇혀버렸다.

10. Konzise Herfried Münkler, Heroische und postheroische Gesellschaften,

in: *Merkur* 700 (September 2007), S. 742–752.

11. Richard Rorty, Posties, in: *London Review of Books* vom 3. September 1987.

12. Ferdinand Tönnies, *Gemeinschaft und Gesellschaft*(=Gesamtausgabe II), Berlin/Boston 2019.(페르디난트 퇴니스, 곽노완·황기우 옮김, 《공동사회와 이익사회》, 라움, 2017년)

13. Ulrich Bröckling, *Postheroische Helden. Ein Zeitbild*, Berlin 2020. – 저자는 이 책을 통해 영웅적인 것을 '파괴하는 사유'를 하려고 했다(225쪽 이하). 시대전환 전쟁이 영웅주의를 더욱 심화시켰다.

14. Dieter Henrich, *Denken und Selbstsein. Vorlesungen über Subjektivität*, Berlin 2007.

7장 제도

1. Wilhelm Dilthey, *Weltanschauungslehre. Abhandlungen zur Philosophie der Philosophie*(=Gesammelte Schriften VIII), Leipzig und Berlin 1932. S. 82.(카를 야스퍼스, 신옥희·홍경자·박은미 옮김, 《철학 2: 실존조명》, 아카넷, 2019년)

2. Ibidem, S. 208.

3. Karl Jaspers, *Philosophie II. Existenzerhellung*(=Gesamtausgabe I/7.2), Basel 2022. S. 175–218.

4. Karl Jaspers, *Psychologie der Weltanschauungen*(=Gesamtausgabe I/6), Basel 2019. S. 284 ff.(카를 야스퍼스, 이기흥 옮김, 《세계관의 심리학》, 아카넷, 2024년)

5. 하이데거가 이에 대해 증언해준다. Martin Heidegger, Bemerkungen zu Karl Jaspers 《Psychologie der Weltanschauungen》, in: ders., *Wegmarken*(=Gesamtausgabe I/9), Frankfurt am Main 1976, S. 1–44, sowie ders., *Sein und Zeit*(=Gesamtausgabe I/2), Frankfurt am Main 1977, S. 331.(마르틴 하이데거, 이기상 옮김, 《존재와 시간》, 까치, 1998년)

6. Jaspers, *Psychologie der Weltanschauungen*, S 243 ff.

7. Ibidem, S. 244.

8. Ibidem, S. 286. 이 구절에서 껍데기 개념과 관련해서 베버를 직접 언급한다. 다음 자료도 참고하라. Karl Jaspers, *Max Weber. Gesammelte Schriften. Mit einer Einführung von Dieter Henrich*, München 1988.

9. Max Weber, *Der Geist des Kapitalismus und die protestantische Ethik*(=Gesamtausgabe I/18), Tübingen 2016, S. 487.(막스 베버, 박문재 옮김, 《프로테스탄트 윤리와 자본주의 정신》, 현대지성, 2018년)

10. Georg Lukács, Theorie des Romans. Ein geschichtsphilosophischer Versuch über die Formen der großen Epik, in: ders., *Werke I*, Bielefeld 2018, S. 527−608, hier: S. 535.(게오르크 루카치, 김경식 옮김, 《소설의 이론》, 문예출판사, 2014년)

11. Max Weber, op. cit., S. 488: "영혼 없는 전문가, 마음 없는 향락주의자. 이 공허한 인간들이 지금까지 도달하지 못했던 인류의 수준에 도달했다고 자부할 것이다."

12. 새로운 전쟁 개념에 대해서는 다음을 참고하라. Mary Kaldor, *New and Old Wars. Organized Violence in a Global Era*, [3]Stanford 2012. 이와 비슷한 주장에 대해서는 다음을 참고하라. Ähnlich gewisse Ausführungen von Martin van Creveld, *The Transformation of War*, New York 1991, S. 192 ff.

13. Max Horkheimer, Die Rackets und der Geist, in: ders., *Gesammelte Schriften XII*, Frankfurt am Main 1985, S. 287−291.

14. Theodor W. Adorno, Reflexionen zur Klassentheorie, in: ders., *Gesammelte Schriften VIII*, Frankfurt am Main 1972, S. 373−391, hier: S. 379 ff. Otto Kirchheimer, Zur Frage der Souveränität, in: ders., *Politik und Verfassung*, Frankfurt am Main 1964, S. 57−95.

15. Thorsten Fuchshuber, *Rackets. Kritische Theorie der Bandenherrschaft*, Freiburg 2019. 푹스후버는 오늘날 러시아도 범죄집단사회(Racketgesellschaft)로

해석한다 (S. 550 ff.).

16. Immanuel Kant, Zum ewigen Frieden, in: ders., *Akademie-Ausgabe VIII*, Berlin 1912, S. 341–386, hier: S. 366.(이마누엘 칸트, 강영계 옮김, 《영원한 평화를 위해》, 지식을만드는지식, 2015년)

17. Arnold Gehlen, Urmensch und Spätkultur. Philosophische Ergebnisse und Aussagen, in: ders., *Gesamtausgabe V*, Frankfurt am Main 2022, S. 1–308, erster Teil.(아르놀트 겔렌, 박만준 옮김, 《최초의 인간과 그 이후의 문화》, 지식을만드는지식, 2011년)

18. Arnold Gehlen, *Der Mensch. Seine Natur und seine Stellung in der Welt* (= Gesamtausgabe III), Frankfurt am Main 1993, S. 31 ff.

19. Gehlen, Urmensch und Spätkultur, S. 133.

20. 이에 대한 중요한 지적은 다음에 나온다. Horst-Jürgen Gerigk, *Entwurf einer Theorie des literarischen Gebildes*, Berlin/New York 1975, S. 155 ff. 그리트 슈바르츠코프(Grit Schwarzkopf)가 이 자료에 대한 나의 관심을 불러왔다.

8장 불안

1. 정치이론의 중요한 시도들이 불안보다 두려움을 주제로 더 선호한다는 점이 눈에 띈다. Judith Shklar, The Liberalism of Fear, in: Nancy Rosenblum (Hrsg.), *Liberalism and the Moral Life*, Cambridge, Mass. 1989, S. 21–39, und Corey Robin, Fear. *The History of a Political Idea*, Oxford 2004.

2. Platon, *Laches*(라케스) 194 d 1–195 a 1.(플라톤, 천병희 옮김, 《플라톤 전집 2》, 숲, 2019년)

3. Ibidem, 197 a 6–c 1.

4. 전체 대화의 의미에 대해서는 다음을 참고하라. Wolfgang Wieland, Das sokratische Erbe: Laches, in: Theo Kobusch und Burkhard Mojsisch (Hrsg.), *Platon. Seine Dialoge in der Sicht neuer Forschungen*, Darmstadt

1996, S. 5–24, 특히 S. 15 ff.

5. Beispielhaft Platon, *Timaios* 29 e 1 ff.(플라톤, 김유석 옮김, 《티마이오스》, 아카넷, 2023년)

6. *Timaios* 30 b 6 f.

7. *1 Mose* 1, 31.(《창세기》 1장 31절)

8. *Johannes* 16, 33.(《요한복음》 16장 33절)

9. Walter Schulz, Philosophische Aspekte der Angst, in: ders., *Vernunft und Freiheit. Aufsätze und Vorträge*, Stuttgart 1981, S. 125–139, 특히 S. 130 ff.

10. Sören Kierkegaard, Der Begriff der Angst, in: ders., *Die Krankheit zum Tode und anderes*, Köln und Olten 1956, S. 441–640, hier: S. 512.(쇠렌 키르케고르, 이동용 옮김, 《불안의 개념》, 세창출판사, 2024년)

11. Martin Heidegger, *Sein und Zeit*(=Gesamtausgabe I/2), Frankfurt am Main 1977, S. 246 ff. – 두려움에 대해서는 S. 186 ff.

12. Ibidem, S. 169 ff.

13. Ibidem, S. 353.

14. 이것이 하이데거에 대한 설득력이 떨어지는 비판에서 진실이 드러나는 지점이다. Theodor W. Adorno, Jargon der Eigentlichkeit. Zur deutschen Ideologie, in: ders., *Gesammelte Schriften VI*, Frankfurt 1973, S. 413–523, hier: S. 503 ff.

15. Martin Heidegger, Was ist Metaphysik? in: ders., *Wegmarken*(= Gesamtausgabe IX), Frankfurt am Main 1976, S. 103–122, hier: S. 111 ff.(마르틴 하이데거, 이기상 옮김, 《형이상학이란 무엇인가》, 서광사, 1995년)

16. Aristoteles, *Metaphysik Γ 1*, 1003 a 21 ff.(아리스토텔레스, 조대호 옮김, 《형이상학 1, 2》 나남, 2012년)

17. 이 유토피아 개념이 블로흐 표현주의의 합리적 핵심이다. Ernst Bloch, *Das Prinzip Hoffnung*(=Gesamtausgabe 5), Frankfurt am Main 1959, zumal

S. 224 ff.(에른스트 블로흐, 박설호 옮김, 《희망의 원리 5》, 열린책들, 2004년), ders.,
Tübinger Einleitung in die Philosophie(=Gesamtausgabe 13), Frankfurt am
Main 1970, S. 218 ff.–다음 글은 하이데거와 대조해 블로흐를 잘 설명해 준다.
Hans Heinz Holz, Metaphysik, in: Manfred Buhr (Hrsg.), *Enzyklopädie zur
bürgerlichen Philosophie im 19. und 20. Jahrhundert*, Leipzig 1988, S.
126–157.

9장 종교

1. 이 주제를 다룬 중요한 텍스트 두 개는 다음과 같다. David Hume, *Dialogues
   Concerning Natural Religion*, Cambridge 2007(데이비드 흄, 이태하 옮김, 《자연
   종교에 관한 대화》, 나남, 2008년), Immanuel Kant, Die Religion innerhalb der
   Grenzen der bloßen Vernunft, in: ders., *Akademie Ausgabe VI*, Berlin
   1914, S. 1–202, hier: S. 153 ff.(이마누엘 칸트, 백종현 옮김, 《이성의 한계 안에서의
   종교》, 아카넷, 2015년)

2. Jan Assmann, *Moses der Ägypter. Entzifferung einer Gedächtnisspur*,
   München 1998(얀 아스만, 변학수 옮김, 《이집트인 모세》, 그린비, 2010년); ders., *Die
   Mosaische Unterscheidung oder der Preis des Monotheismus*, München
   2003; ders., *Monotheismus und die Sprache der Gewalt*, Wien 2006.

3. *2. Mose* 19, 5–6.(《출애굽기》 19장 5~6절)

4. Assmann, *Die Mosaische Unterscheidung*, S. 49 ff.

5. Charles Taylor, *The Secular Age*, Cambridge, Mass. 2007.–이 상황이
   하버마스 최근 연구들의 지평이 된다. Jürgen Habermas, *Auch eine
   Geschichte der Philosophie. Band 1: Die okzidentale Konstellation von
   Glauben und Wissen. Band 2: Vernünftige Freiheit. Spuren des Diskurses
   über Glauben und Wissen*, Berlin 2019.

6. Karl Marx, Zur Judenfrage, in: *Marx-Engels-Werke 1*, Berlin 1968, S.

347-377, hier: S. 356.(카를 마르크스, 김현 옮김, 《유대인 문제에 관하여》, 책세상, 2021년)

7. Thomas von Aquin, *Summa theologica I*, Quaestio 2, Articulus 2, ad primum.(토마스 아퀴나스, 정의채 옮김, 《신학대전 제1권》, 바오로딸, 2014년)

8. Hermann Lübbe, *Religion nach der Aufklärung*, Graz 1986, S. 144 ff.

9. 시민종교에 대해서는 특히 다음을 참고하라. Robert N. Bellah, *Varieties of Civil Religion*, New York 1980. 방향제시 학문으로서의 신학에 대해서는 다음을 참고하라. Ingolf U. Dalferth, *Kombinatorische Theologie. Probleme theologischer Rationalität*, Freiburg 1991.

10. Michel Foucault, L'éthique du souci de soi comme pratique de la liberté et verité, und ders., Les techniques de soi, beides in: ders., *Dits et écrits IV*, Paris 1994, S. 708-729 bzw. S. 783-813. Ferner ders., *Le souci de soi. L'histoire de sexualité III*, Paris 1984.(미셸 푸코, 이혜숙·이영목 옮김, 《성의 역사3: 자기 배려》, 나남, 2020년). 푸코는 하도의 철학사 해석에서 자극을 받았다. Pierre Hadot, *Exercises spirituelles et philosophie antique*, Paris 1981.

11. 에릭 홉스봄의 책 서문에 이렇게 나온다. Eric Hobsbawm, *The Age of Extremes. The Short Twentieth Century 1914-1991*, London 1994, Teil II bzw. Teil III.(에릭 홉스봄, 이용우 옮김, 《극단의 시대》, 까치, 2009년)

12. Michel Foucault, À quoi rêvent les Iraniens? und ders., Inutile de se soulever? beides in: ders., *Dits et Ecrits III*, Paris 1994, S. 688-695, 특히 S. 893 f. bzw. S. 790-794, 특히 S. 792.

13. *5. Mose* 6, 12.(《신명기》 6장 12절)

14. *2. Mose* 20, 3.(《출애굽기》 20장 3절)

15. *2. Mose* 20, 2.(《출애굽기》 20장 2절)

16. *2. Mose* 3, 14.(《출애굽기》 3장 14절)—이 번역은 다음 책에서 인용하였다. Charles Touati, Ehye Aser Ehye (Ex 3, 14) comme "L'être avec…", in: ders., *Prophètes, talmudistes, philosophes*, Paris 1990, S. 89-99.

17. 월처는 이집트 탈출을 미국 혁명과 관련시켜 현재화했다. Michael Walzer,
    Exodus and Revolution, New York 1985. 사이드의 이 책에 대한 비판을
    주목할 가치가 있다. Edward W. Said, Michael Walzer's Exodus and
    Revolution. A Canaanite Reading, in: *Grand Street* 5 (1986), S. 86-106.
    사이드의 글은 혁명적 행위를 정체성 정치로 억눌러버렸다. 그래서 이 성서 구절을
    둘러싼 오랜 논쟁이 오늘날 전투의 고민을 여전히 비추고 있다. 아쉽게도 아스만의
    후속 작품(Jan Assmann, *Exodus. Die Revolution der Alten Welt*, München 2015)은
    이집트 탈출에 대한 해석의 빈틈을 채워주지 못했다. 종합하면, 이 작품은 자신의
    모세 구별 작업만큼의 날카로움에 도달하지 못했다.—이와 반대로 멩케의 작업은
    출애굽을 성공적으로 정치철학의 근거로 다시 가져왔다. Christoph Menke,
    Theorie der Befreiung, Berlin 2021, S. 344-463, 그 밖에 이와 관련된 신학적
    관점은 다음을 참고하라. James H. Cone, *God of the Oppressed*, [2]Maryknoll
    1997, S. 178 ff.(제임스 콘, 현영학 옮김, 《눌린 자의 하느님》, 이화여자대학교 출판부,
    1987년)

10장 군사주의

1. Carl von Clausewitz, *Vom Kriege. Jubiläumsausgabe*, Bonn 1980, S.
   990.(카를 폰 클라우제비츠, 김만수 옮김, 《전쟁론》, 갈무리, 2016년)
2. Gerhard Ritter, *Staatskunst und Kriegshandwerk. Das Problem des
   "Militarismus" in Deutschland. Erster Band: Die altpreußische Tradition*
   (1740-1890), München 1954, S. 9.1950년대 당시 논쟁에서 중요했던 의견들에
   대해서는 다음을 참고하라. Ludwig Dehio, Um den deutschen Militarismus,
   in: *Historische Zeitschrift* 180 (1955), S. 43-64, Ernst Engelberg,
   Über das Problem des deutschen Militarismus, in: *Zeitschrift für
   Geschichtswissenschaft* 4 (1956), S. 1113-1145.
3. Gerhard Ritter, *Die Dämonie der Macht. Betrachtungen über Geschichte
   und Wesen des Machtproblems im politischen Denken der Neuzeit*,

München 1948.

4. Ritter, *Staatskunst und Kriegshandwerk*, S. 15 ff.

5. Karl Liebknecht, Militarismus und Antimilitarismus. Unter besonderer Berücksichtigung der internationalen Jugendbewegung, in: ders., *Gesammelte Reden und Schriften I*, Berlin 1958, S. 247–456, hier: S. 267 ff., S. 276 ff. und S. 301 ff.

6. Ibidem, S. 308.

7. Antonio Gramsci, *Quaderni del carcere*, Turin 1973, S. 1222 ff. und 1235 ff.(안토니오 그람시, 이상훈 옮김, 《그람시의 옥중수고》, 거름, 1999년)

8. Liebknecht, op. cit., S. 288.

9. 이 구분은 다음 하버마스의 책들에 나온다. Jürgen Habermas, *Theorie des kommunikativen Handelns*, Frankfurt am Main 1982(위르겐 하버마스, 장춘익 옮김, 《의사소통행위 이론》, 나남, 2006년); ders., *Faktizität und Geltung. Beiträge zur Diskurstheorie des Rechts und des demokratischen Rechtsstaats*, Frankfurt am Main 1992.(위르겐 하버마스, 한상진, 박영도 옮김, 《사실성과 타당성》, 나남, 2007년)

10. 마르크스의 다음 책에 경쾌하게 설명되어 있다. Karl Marx, Zur Kritik der politischen Ökonomie, in: *Marx-Engels-Werke 13*, Berlin 1968, S. 3–160, hier: S. 8 ff.(카를 마르크스, 김효균 옮김, 《정치경제학 비판을 위하여》, 중원문화, 2017년)

11. Karl Marx, *Das Kapital. Kritik der politischen Ökonomie I*(=Marx–Engels–Werke 23), Berlin 1968, S. 741 ff.(카를 마르크스, 강신준 옮김, 《자본 1》, 길, 2008년)

12. Ibidem, S. 792 ff.

13. Rosa Luxemburg, Die Akkumulation des Kapitals, in: dies., *Gesammelte Werke V*, Berlin 1975, S. 5–411, hier: S. 13.(로자 룩셈부르크, 황선길 옮김, 《자본의 축적》, 지식을만드는지식, 2013년)

14. Ibidem, S. 296 ff., ferner S. 398 ff.

15. Ernst Vollrath, 《Neue Wege der Klugheit》. Zum methodischen Prinzip

der Theorie des Handelns bei Clausewitz, in: *Zeitschrift für Politik* N. F. 31 (1984), S. 33-76. 이 글의 배경이 되는 책은 다음과 같다. ders., Die Rekonstruktion der politischen Urteilskraft, Stuttgart 1977.

16. Hannah Arendt, *Vita activa oder Vom tätigen Leben*, München 1981, S. 191 ff.(한나 아렌트, 이진우 옮김, 《인간의 조건》, 한길사, 2019년)

17. Clausewitz, op. cit., S. 262 ff.

18. Immanuel Kant, Kritik der Urteilskraft, in: ders., *Akademie-Ausgabe V*, Berlin 1913, S. 165-485, hier: S. 179.(이마누엘 칸트, 백종현 옮김, 《판단력 비판》, 아카넷, 2009년)

19. Ibidem, S. 237.

전쟁에 관한 열 가지 철학적 고찰

철학은 왜
전쟁을 부정하는가

1판 1쇄 인쇄 2025년 1월 28일
1판 1쇄 발행 2025년 2월 5일

지은이 군나르 힌드리히스
옮긴이 이승희

발행인 이성현
책임 편집 전상수

펴낸 곳 도서출판 두리반
주소 서울특별시 종로구 사직로 8길 34(내수동 72번지) 1104호
편집부 전화 (02)737-4742 | **팩스** (02)462-4742
이메일 duriban94@gmail.com

등록 2012. 07. 04 / 제 300-2012-133호
ISBN 979-11-88719-27-3 93100

※ 책값은 뒤표지에 있습니다.
※ 이 책은 저작권법에 따라 보호받는 저작물이므로 무단 전재와 무단 복제를 금지하며,
　　이 책 내용의 전부 또는 일부를 이용하려면 반드시 저작권자의 서면 동의를 받아야 합니다.